编委会

主　　编：袁　勇

副 主 编：李斌飞　陈　晓

编　　委：田家丰　蒋　鑫　王凌云　袁伟锋

案例选编：蒋　鑫　袁伟锋

政府采购法规与医院实践

Government Procurement Regulations and
Hospital Practice

主 编 袁勇

副主编 李斌飞 陈 晓

暨南大学出版社
JINAN UNIVERSITY PRESS

中国·广州

图书在版编目（CIP）数据

政府采购法规与医院实践 / 袁勇主编；李斌飞，陈晓副主编 . — 广州：暨南大学出版社，2021. 7

ISBN 978-7-5668-3170-5

Ⅰ . ①政⋯　　Ⅱ . ①袁⋯②李⋯③陈⋯　　Ⅲ . ①政府采购法—中国
Ⅳ . ① D922.2

中国版本图书馆 CIP 数据核字（2021）第 107633 号

政府采购法规与医院实践

ZHENGFU CAIGOU FAGUI YU YIYUAN SHIJIAN

主　编：袁　勇　　副主编：李斌飞　陈　晓

出 版 人：张晋升

责任编辑：雷晓琪

责任校对：周海燕　孙劭贤

责任印制：周一丹　郑玉婷

出版发行：暨南大学出版社（510630）

电　　话：总编室（8620）85221601

　　　　　营销部（8620）85225284　85228291　85228292　85226712

传　　真：（8620）85221583（办公室）　85223774（营销部）

网　　址：http://www.jnupress.com

排　　版：广州尚文数码科技有限公司

印　　刷：深圳市新联美术印刷有限公司

开　　本：787mm×1092mm　1/16

印　　张：9.75

字　　数：202 千

版　　次：2021 年 7 月第 1 版

印　　次：2021 年 7 月第 1 次

定　　价：89.80 元

（暨大版图书如有印装质量问题，请与出版社总编室联系调换）

序

政府采购是一项政策性强、专业化要求高、监管严格的工作。《政府采购法规与医院实践》一书，原是中山市人民医院开展政府采购所需引据的政策法规和具体采购案例的总结，如今为了使各政府采购的主体尤其是医疗机构的采购活动能在法治机制下更加规范，内部控制制度更加健全，采购工作更好地服务于医院临床业务的发展，将这些总结材料结集出版。这是一本法制工具书，其中对条文要点的知悉和理解希望大家能互相交流，共同提高开展政府采购的水平。由于政府采购政策经常调整，采购工作涉及面非常广泛，加之编者水平有限，本书难免存在不足和有待完善之处，敬请政府采购专家及同行不吝指教。

目录
CONTENTS

医院制度篇   107

案例选编   129

后记   149

法律法规篇

中华人民共和国招标投标法

1999 年 8 月 30 日第九届全国人民代表大会常务委员会第十一次会议通过　根据 2017 年 12 月 27 日第十二届全国人民代表大会常务委员会第三十一次会议《关于修改〈中华人民共和国招标投标法〉、〈中华人民共和国计量法〉的决定》修正。

第一章　总则

第一条　为了规范招标投标活动，保护国家利益、社会公共利益和招标投标活动当事人的合法权益，提高经济效益，保证项目质量，制定本法。

第二条　在中华人民共和国境内进行招标投标活动，适用本法。

第三条　在中华人民共和国境内进行下列工程建设项目包括项目的勘察、设计、施工、监理以及与工程建设有关的重要设备、材料等的采购，必须进行招标：

（一）大型基础设施、公用事业等关系社会公共利益、公众安全的项目；

（二）全部或者部分使用国有资金投资或者国家融资的项目；

（三）使用国际组织或者外国政府贷款、援助资金的项目。

前款所列项目的具体范围和规模标准，由国务院发展计划部门会同国务院有关部门制订，报国务院批准。

法律或者国务院对必须进行招标的其他项目的范围有规定的，依照其规定。

第四条　任何单位和个人不得将依法必须进行招标的项目化整为零或者以其他任何方式规避招标。

第五条　招标投标活动应当遵循公开、公平、公正和诚实信用的原则。

第六条　依法必须进行招标的项目，其招标投标活动不受地区或者部门的限制。任何单位和个人不得违法限制或者排斥本地区、本系统以外的法人或者其他组织参加投标，不得以任何方式非法干涉招标投标活动。

第七条　招标投标活动及其当事人应当接受依法实施的监督。

有关行政监督部门依法对招标投标活动实施监督，依法查处招标投标活动中的违法行为。

对招标投标活动的行政监督及有关部门的具体职权划分，由国务院规定。

第二章　招标

第八条　招标人是依照本法规定提出招标项目、进行招标的法人或者其他组织。

第九条　招标项目按照国家有关规定需要履行项目审批手续的，应当先履行审批手续，取得批准。

招标人应当有进行招标项目的相应资金或者资金来源已经落实，并应当在招标文件中如实载明。

第十条　招标分为公开招标和邀请招标。

公开招标，是指招标人以招标公告的方式邀请不特定的法人或者其他组织投标。

邀请招标，是指招标人以投标邀请书的方式邀请特定的法人或者其他组织投标。

第十一条　国务院发展计划部门确定的国家重点项目和省、自治区、直辖市人民政府确定的地方重点项目不适宜公开招标的，经国务院发展计划部门或者省、自治区、直辖市人民政府批准，可以进行邀请招标。

第十二条　招标人有权自行选择招标代理机构，委托其办理招标事宜。任何单位和个人不得以任何方式为招标人指定招标代理机构。

招标人具有编制招标文件和组织评标能力的，可以自行办理招标事宜。任何单位和个人不得强制其委托招标代理机构办理招标事宜。

依法必须进行招标的项目，招标人自行办理招标事宜的，应当向有关行政监督部门备案。

第十三条　招标代理机构是依法设立、从事招标代理业务并提供相关服务的社会中介组织。

招标代理机构应当具备下列条件：

（一）有从事招标代理业务的营业场所和相应资金；

（二）有能够编制招标文件和组织评标的相应专业力量。

第十四条　招标代理机构与行政机关和其他国家机关不得存在隶属关系或者其他利益关系。

第十五条 招标代理机构应当在招标人委托的范围内办理招标事宜，并遵守本法关于招标人的规定。

第十六条 招标人采用公开招标方式的，应当发布招标公告。依法必须进行招标的项目的招标公告，应当通过国家指定的报刊、信息网络或者其他媒介发布。

招标公告应当载明招标人的名称和地址、招标项目的性质、数量、实施地点和时间以及获取招标文件的办法等事项。

第十七条 招标人采用邀请招标方式的，应当向三个以上具备承担招标项目的能力、资信良好的特定的法人或者其他组织发出投标邀请书。

投标邀请书应当载明本法第十六条第二款规定的事项。

第十八条 招标人可以根据招标项目本身的要求，在招标公告或者投标邀请书中，要求潜在投标人提供有关资质证明文件和业绩情况，并对潜在投标人进行资格审查；国家对投标人的资格条件有规定的，依照其规定。

招标人不得以不合理的条件限制或者排斥潜在投标人，不得对潜在投标人实行歧视待遇。

第十九条 招标人应当根据招标项目的特点和需要编制招标文件。招标文件应当包括招标项目的技术要求、对投标人资格审查的标准、投标报价要求和评标标准等所有实质性要求和条件以及拟签订合同的主要条款。

国家对招标项目的技术、标准有规定的，招标人应当按照其规定在招标文件中提出相应要求。

招标项目需要划分标段、确定工期的，招标人应当合理划分标段、确定工期，并在招标文件中载明。

第二十条 招标文件不得要求或者标明特定的生产供应者以及含有倾向或者排斥潜在投标人的其他内容。

第二十一条 招标人根据招标项目的具体情况，可以组织潜在投标人踏勘项目现场。

第二十二条 招标人不得向他人透露已获取招标文件的潜在投标人的名称、数量以及可能影响公平竞争的有关招标投标的其他情况。

招标人设有标底的，标底必须保密。

第二十三条 招标人对已发出的招标文件进行必要的澄清或者修改的，应当在招标文件要求提交投标文件截止时间至少十五日前，以书面形式通知所有招标文件收受人。该澄清或者修改的内容为招标文件的组成部分。

第二十四条 招标人应当确定投标人编制投标文件所需要的合理时间；但是，依法必须进行招标的项目，自招标文件开始发出之日起至投标人提交投标文件截止之日止，最短不得少于二十日。

第三章　投标

第二十五条　投标人是响应招标、参加投标竞争的法人或者其他组织。

依法招标的科研项目允许个人参加投标的，投标的个人适用本法有关投标人的规定。

第二十六条　投标人应当具备承担招标项目的能力；国家有关规定对投标人资格条件或者招标文件对投标人资格条件有规定的，投标人应当具备规定的资格条件。

第二十七条　投标人应当按照招标文件的要求编制投标文件。投标文件应当对招标文件提出的实质性要求和条件作出响应。

招标项目属于建设施工的，投标文件的内容应当包括拟派出的项目负责人与主要技术人员的简历、业绩和拟用于完成招标项目的机械设备等。

第二十八条　投标人应当在招标文件要求提交投标文件的截止时间前，将投标文件送达投标地点。招标人收到投标文件后，应当签收保存，不得开启。投标人少于三个的，招标人应当依照本法重新招标。

在招标文件要求提交投标文件的截止时间后送达的投标文件，招标人应当拒收。

第二十九条　投标人在招标文件要求提交投标文件的截止时间前，可以补充、修改或者撤回已提交的投标文件，并书面通知招标人。补充、修改的内容为投标文件的组成部分。

第三十条　投标人根据招标文件载明的项目实际情况，拟在中标后将中标项目的部分非主体、非关键性工作进行分包的，应当在投标文件中载明。

第三十一条　两个以上法人或者其他组织可以组成一个联合体，以一个投标人的身份共同投标。

联合体各方均应当具备承担招标项目的相应能力；国家有关规定或者招标文件对投标人资格条件有规定的，联合体各方均应当具备规定的相应资格条件。由同一专业的单位组成的联合体，按照资质等级较低的单位确定资质等级。

联合体各方应当签订共同投标协议，明确约定各方拟承担的工作和责任，并将共同投标协议连同投标文件一并提交招标人。联合体中标的，联合体各方应当共同与招标人签订合同，就中标项目向招标人承担连带责任。

招标人不得强制投标人组成联合体共同投标，不得限制投标人之间的竞争。

第三十二条　投标人不得相互串通投标报价，不得排挤其他投标人的公平竞争，损害招标人或者其他投标人的合法权益。

投标人不得与招标人串通投标，损害国家利益、社会公共利益或者他人的合法权益。

禁止投标人以向招标人或者评标委员会成员行贿的手段谋取中标。

第三十三条 投标人不得以低于成本的报价竞标，也不得以他人名义投标或者以其他方式弄虚作假，骗取中标。

第四章 开标、评标和中标

第三十四条 开标应当在招标文件确定的提交投标文件截止时间的同一时间公开进行；开标地点应当为招标文件中预先确定的地点。

第三十五条 开标由招标人主持，邀请所有投标人参加。

第三十六条 开标时，由投标人或者其推选的代表检查投标文件的密封情况，也可以由招标人委托的公证机构检查并公证；经确认无误后，由工作人员当众拆封，宣读投标人名称、投标价格和投标文件的其他主要内容。

招标人在招标文件要求提交投标文件的截止时间前收到的所有投标文件，开标时都应当当众予以拆封、宣读。

开标过程应当记录，并存档备查。

第三十七条 评标由招标人依法组建的评标委员会负责。

依法必须进行招标的项目，其评标委员会由招标人的代表和有关技术、经济等方面的专家组成，成员人数为五人以上单数，其中技术、经济等方面的专家不得少于成员总数的三分之二。

前款专家应当从事相关领域工作满八年并具有高级职称或者具有同等专业水平，由招标人从国务院有关部门或者省、自治区、直辖市人民政府有关部门提供的专家名册或者招标代理机构的专家库内的相关专业的专家名单中确定；一般招标项目可以采取随机抽取方式，特殊招标项目可以由招标人直接确定。

与投标人有利害关系的人不得进入相关项目的评标委员会；已经进入的应当更换。

评标委员会成员的名单在中标结果确定前应当保密。

第三十八条 招标人应当采取必要的措施，保证评标在严格保密的情况下进行。

任何单位和个人不得非法干预、影响评标的过程和结果。

第三十九条 评标委员会可以要求投标人对投标文件中含义不明确的内容作必要的澄清或者说明，但是澄清或者说明不得超出投标文件的范围或者改变投标文件的实质性内容。

第四十条 评标委员会应当按照招标文件确定的评标标准和方法，对投标文件进行评审和比较；设有标底的，应当参考标底。评标委员会完成评标后，应当向招标人提出书面评标报告，并推荐合格的中标候选人。

招标人根据评标委员会提出的书面评标报告和推荐的中标候选人确定中标人。招标人也可以授权评标委员会直接确定中标人。

国务院对特定招标项目的评标有特别规定的，从其规定。

第四十一条 中标人的投标应当符合下列条件之一：

（一）能够最大限度地满足招标文件中规定的各项综合评价标准；

（二）能够满足招标文件的实质性要求，并且经评审的投标价格最低；但是投标价格低于成本的除外。

第四十二条 评标委员会经评审，认为所有投标都不符合招标文件要求的，可以否决所有投标。

依法必须进行招标的项目的所有投标被否决的，招标人应当依照本法重新招标。

第四十三条 在确定中标人前，招标人不得与投标人就投标价格、投标方案等实质性内容进行谈判。

第四十四条 评标委员会成员应当客观、公正地履行职务，遵守职业道德，对所提出的评审意见承担个人责任。

评标委员会成员不得私下接触投标人，不得收受投标人的财物或者其他好处。

评标委员会成员和参与评标的有关工作人员不得透露对投标文件的评审和比较、中标候选人的推荐情况以及与评标有关的其他情况。

第四十五条 中标人确定后，招标人应当向中标人发出中标通知书，并同时将中标结果通知所有未中标的投标人。

中标通知书对招标人和中标人具有法律效力。中标通知书发出后，招标人改变中标结果的，或者中标人放弃中标项目的，应当依法承担法律责任。

第四十六条 招标人和中标人应当自中标通知书发出之日起三十日内，按照招标文件和中标人的投标文件订立书面合同。招标人和中标人不得再行订立背离合同实质性内容的其他协议。

招标文件要求中标人提交履约保证金的，中标人应当提交。

第四十七条 依法必须进行招标的项目，招标人应当自确定中标人之日起十五日内，向有关行政监督部门提交招标投标情况的书面报告。

第四十八条 中标人应当按照合同约定履行义务，完成中标项目。中标人不得向他人转让中标项目，也不得将中标项目肢解后分别向他人转让。

中标人按照合同约定或者经招标人同意，可以将中标项目的部分非主体、非关键性工作分包给他人完成。接受分包的人应当具备相应的资格条件，并不得再次分包。

中标人应当就分包项目向招标人负责，接受分包的人就分包项目承担连带责任。

第五章　法律责任

第四十九条　违反本法规定，必须进行招标的项目而不招标的，将必须进行招标的项目化整为零或者以其他任何方式规避招标的，责令限期改正，可以处项目合同金额千分之五以上千分之十以下的罚款；对全部或者部分使用国有资金的项目，可以暂停项目执行或者暂停资金拨付；对单位直接负责的主管人员和其他直接责任人员依法给予处分。

第五十条　招标代理机构违反本法规定，泄露应当保密的与招标投标活动有关的情况和资料的，或者与招标人、投标人串通损害国家利益、社会公共利益或者他人合法权益的，处五万元以上二十五万元以下的罚款；对单位直接负责的主管人员和其他直接责任人员处单位罚款数额百分之五以上百分之十以下的罚款；有违法所得的，并处没收违法所得；情节严重的，禁止其一年至二年内代理依法必须进行招标的项目并予以公告，直至由工商行政管理机关吊销营业执照；构成犯罪的，依法追究刑事责任。给他人造成损失的，依法承担赔偿责任。

前款所列行为影响中标结果的，中标无效。

第五十一条　招标人以不合理的条件限制或者排斥潜在投标人的，对潜在投标人实行歧视待遇的，强制要求投标人组成联合体共同投标的，或者限制投标人之间竞争的，责令改正，可以处一万元以上五万元以下的罚款。

第五十二条　依法必须进行招标的项目的招标人向他人透露已获取招标文件的潜在投标人的名称、数量或者可能影响公平竞争的有关招标投标的其他情况的，或者泄露标底的，给予警告，可以并处一万元以上十万元以下的罚款；对单位直接负责的主管人员和其他直接责任人员依法给予处分；构成犯罪的，依法追究刑事责任。

前款所列行为影响中标结果的，中标无效。

第五十三条　投标人相互串通投标或者与招标人串通投标的，投标人以向招标人或者评标委员会成员行贿的手段谋取中标的，中标无效，处中标项目金额千分之五以上千分之十以下的罚款，对单位直接负责的主管人员和其他直接责任人员处单位罚款数额百分之五以上百分之十以下的罚款；有违法所得的，并处没收违法所得；情节严重的，取消其一年至二年内参加依法必须进行招标的项目的投标资格并予以公告，直至由工商行政管理机关吊销营业执照；构成犯罪的，依法追究刑事责任。给他人造成损失的，依法承担赔偿责任。

第五十四条 投标人以他人名义投标或者以其他方式弄虚作假，骗取中标的，中标无效，给招标人造成损失的，依法承担赔偿责任；构成犯罪的，依法追究刑事责任。

依法必须进行招标的项目的投标人有前款所列行为尚未构成犯罪的，处中标项目金额千分之五以上千分之十以下的罚款，对单位直接负责的主管人员和其他直接责任人员处单位罚款数额百分之五以上百分之十以下的罚款；有违法所得的，并处没收违法所得；情节严重的，取消其一年至三年内参加依法必须进行招标的项目的投标资格并予以公告，直至由工商行政管理机关吊销营业执照。

第五十五条 依法必须进行招标的项目，招标人违反本法规定，与投标人就投标价格、投标方案等实质性内容进行谈判的，给予警告，对单位直接负责的主管人员和其他直接责任人员依法给予处分。

前款所列行为影响中标结果的，中标无效。

第五十六条 评标委员会成员收受投标人的财物或者其他好处的，评标委员会成员或者参加评标的有关工作人员向他人透露对投标文件的评审和比较、中标候选人的推荐以及与评标有关的其他情况的，给予警告，没收收受的财物，可以并处三千元以上五万元以下的罚款，对有所列违法行为的评标委员会成员取消担任评标委员会成员的资格，不得再参加任何依法必须进行招标的项目的评标；构成犯罪的，依法追究刑事责任。

第五十七条 招标人在评标委员会依法推荐的中标候选人以外确定中标人的，依法必须进行招标的项目在所有投标被评标委员会否决后自行确定中标人的，中标无效，责令改正，可以处中标项目金额千分之五以上千分之十以下的罚款；对单位直接负责的主管人员和其他直接责任人员依法给予处分。

第五十八条 中标人将中标项目转让给他人的，将中标项目肢解后分别转让给他人的，违反本法规定将中标项目的部分主体、关键性工作分包给他人的，或者分包人再次分包的，转让、分包无效，处转让、分包项目金额千分之五以上千分之十以下的罚款；有违法所得的，并处没收违法所得；可以责令停业整顿；情节严重的，由工商行政管理机关吊销营业执照。

第五十九条 招标人与中标人不按照招标文件和中标人的投标文件订立合同的，或者招标人、中标人订立背离合同实质性内容的协议的，责令改正；可以处中标项目金额千分之五以上千分之十以下的罚款。

第六十条　中标人不履行与招标人订立的合同的，履约保证金不予退还，给招标人造成的损失超过履约保证金数额的，还应当对超过部分予以赔偿；没有提交履约保证金的，应当对招标人的损失承担赔偿责任。

中标人不按照与招标人订立的合同履行义务，情节严重的，取消其二年至五年内参加依法必须进行招标的项目的投标资格并予以公告，直至由工商行政管理机关吊销营业执照。

因不可抗力不能履行合同的，不适用前两款规定。

第六十一条　本章规定的行政处罚，由国务院规定的有关行政监督部门决定。本法已对实施行政处罚的机关作出规定的除外。

第六十二条　任何单位违反本法规定，限制或者排斥本地区、本系统以外的法人或者其他组织参加投标的，为招标人指定招标代理机构的，强制招标人委托招标代理机构办理招标事宜的，或者以其他方式干涉招标投标活动的，责令改正；对单位直接负责的主管人员和其他直接责任人员依法给予警告、记过、记大过的处分，情节较重的，依法给予降级、撤职、开除的处分。

个人利用职权进行前款违法行为的，依照前款规定追究责任。

第六十三条　对招标投标活动依法负有行政监督职责的国家机关工作人员徇私舞弊、滥用职权或者玩忽职守，构成犯罪的，依法追究刑事责任；不构成犯罪的，依法给予行政处分。

第六十四条　依法必须进行招标的项目违反本法规定，中标无效的，应当依照本法规定的中标条件从其余投标人中重新确定中标人或者依照本法重新进行招标。

第六章　附则

第六十五条　投标人和其他利害关系人认为招标投标活动不符合本法有关规定的，有权向招标人提出异议或者依法向有关行政监督部门投诉。

第六十六条　涉及国家安全、国家秘密、抢险救灾或者属于利用扶贫资金实行以工代赈、需要使用农民工等特殊情况，不适宜进行招标的项目，按照国家有关规定可以不进行招标。

第六十七条　使用国际组织或者外国政府贷款、援助资金的项目进行招标，贷款方、资金提供方对招标投标的具体条件和程序有不同规定的，可以适用其规定，但违背中华人民共和国的社会公共利益的除外。

第六十八条　本法自2000年1月1日起施行。

中华人民共和国政府采购法

2002 年 6 月 29 日第九届全国人民代表大会常务委员会第二十八次会议通过 根据 2014 年 8 月 31 日第十二届全国人民代表大会常务委员会第十次会议《关于修改〈中华人民共和国保险法〉等五部法律的决定》修正。

第一章 总则

第一条 为了规范政府采购行为，提高政府采购资金的使用效益，维护国家利益和社会公共利益，保护政府采购当事人的合法权益，促进廉政建设，制定本法。

第二条 在中华人民共和国境内进行的政府采购适用本法。

本法所称政府采购，是指各级国家机关、事业单位和团体组织，使用财政性资金采购依法制定的集中采购目录以内的或者采购限额标准以上的货物、工程和服务的行为。

政府集中采购目录和采购限额标准依照本法规定的权限制定。

本法所称采购，是指以合同方式有偿取得货物、工程和服务的行为，包括购买、租赁、委托、雇用等。

本法所称货物，是指各种形态和种类的物品，包括原材料、燃料、设备、产品等。

本法所称工程，是指建设工程，包括建筑物和构筑物的新建、改建、扩建、装修、拆除、修缮等。

本法所称服务，是指除货物和工程以外的其他政府采购对象。

第三条 政府采购应当遵循公开透明原则、公平竞争原则、公正原则和诚实信用原则。

第四条 政府采购工程进行招标投标的，适用招标投标法。

第五条　任何单位和个人不得采用任何方式，阻挠和限制供应商自由进入本地区和本行业的政府采购市场。

第六条　政府采购应当严格按照批准的预算执行。

第七条　政府采购实行集中采购和分散采购相结合。集中采购的范围由省级以上人民政府公布的集中采购目录确定。

属于中央预算的政府采购项目，其集中采购目录由国务院确定并公布；属于地方预算的政府采购项目，其集中采购目录由省、自治区、直辖市人民政府或者其授权的机构确定并公布。

纳入集中采购目录的政府采购项目，应当实行集中采购。

第八条　政府采购限额标准，属于中央预算的政府采购项目，由国务院确定并公布；属于地方预算的政府采购项目，由省、自治区、直辖市人民政府或者其授权的机构确定并公布。

第九条　政府采购应当有助于实现国家的经济和社会发展政策目标，包括保护环境，扶持不发达地区和少数民族地区，促进中小企业发展等。

第十条　政府采购应当采购本国货物、工程和服务。但有下列情形之一的除外：

（一）需要采购的货物、工程或者服务在中国境内无法获取或者无法以合理的商业条件获取的；

（二）为在中国境外使用而进行采购的；

（三）其他法律、行政法规另有规定的。

前款所称本国货物、工程和服务的界定，依照国务院有关规定执行。

第十一条　政府采购的信息应当在政府采购监督管理部门指定的媒体上及时向社会公开发布，但涉及商业秘密的除外。

第十二条　在政府采购活动中，采购人员及相关人员与供应商有利害关系的，必须回避。供应商认为采购人员及相关人员与其他供应商有利害关系的，可以申请其回避。

前款所称相关人员，包括招标采购中评标委员会的组成人员，竞争性谈判采购中谈判小组的组成人员，询价采购中询价小组的组成人员等。

第十三条　各级人民政府财政部门是负责政府采购监督管理的部门，依法履行对政府采购活动的监督管理职责。

各级人民政府其他有关部门依法履行与政府采购活动有关的监督管理职责。

第二章　政府采购当事人

第十四条　政府采购当事人是指在政府采购活动中享有权利和承担义务的各类主体，包括采购人、供应商和采购代理机构等。

第十五条　采购人是指依法进行政府采购的国家机关、事业单位、团体组织。

第十六条　集中采购机构为采购代理机构。设区的市、自治州以上人民政府根据本级政府采购项目组织集中采购的需要设立集中采购机构。

集中采购机构是非营利事业法人，根据采购人的委托办理采购事宜。

第十七条　集中采购机构进行政府采购活动，应当符合采购价格低于市场平均价格、采购效率更高、采购质量优良和服务良好的要求。

第十八条　采购人采购纳入集中采购目录的政府采购项目，必须委托集中采购机构代理采购；采购未纳入集中采购目录的政府采购项目，可以自行采购，也可以委托集中采购机构在委托的范围内代理采购。

纳入集中采购目录属于通用的政府采购项目的，应当委托集中采购机构代理采购；属于本部门、本系统有特殊要求的项目，应当实行部门集中采购；属于本单位有特殊要求的项目，经省级以上人民政府批准，可以自行采购。

第十九条　采购人可以委托集中采购机构以外的采购代理机构，在委托的范围内办理政府采购事宜。

采购人有权自行选择采购代理机构，任何单位和个人不得以任何方式为采购人指定采购代理机构。

第二十条　采购人依法委托采购代理机构办理采购事宜的，应当由采购人与采购代理机构签订委托代理协议，依法确定委托代理的事项，约定双方的权利义务。

第二十一条　供应商是指向采购人提供货物、工程或者服务的法人、其他组织或者自然人。

第二十二条　供应商参加政府采购活动应当具备下列条件：

（一）具有独立承担民事责任的能力；

（二）具有良好的商业信誉和健全的财务会计制度；

（三）具有履行合同所必需的设备和专业技术能力；

（四）有依法缴纳税收和社会保障资金的良好记录；

（五）参加政府采购活动前三年内，在经营活动中没有重大违法记录；

（六）法律、行政法规规定的其他条件。

采购人可以根据采购项目的特殊要求，规定供应商的特定条件，但不得以不合理的条件对供应商实行差别待遇或者歧视待遇。

第二十三条　采购人可以要求参加政府采购的供应商提供有关资质证明文件和

业绩情况，并根据本法规定的供应商条件和采购项目对供应商的特定要求，对供应商的资格进行审查。

第二十四条　两个以上的自然人、法人或者其他组织可以组成一个联合体，以一个供应商的身份共同参加政府采购。

以联合体形式进行政府采购的，参加联合体的供应商均应当具备本法第二十二条规定的条件，并应当向采购人提交联合协议，载明联合体各方承担的工作和义务。联合体各方应当共同与采购人签订采购合同，就采购合同约定的事项对采购人承担连带责任。

第二十五条　政府采购当事人不得相互串通损害国家利益、社会公共利益和其他当事人的合法权益；不得以任何手段排斥其他供应商参与竞争。

供应商不得以向采购人、采购代理机构、评标委员会的组成人员、竞争性谈判小组的组成人员、询价小组的组成人员行贿或者采取其他不正当手段谋取中标或者成交。

采购代理机构不得以向采购人行贿或者采取其他不正当手段谋取非法利益。

第三章　政府采购方式

第二十六条　政府采购采用以下方式：

（一）公开招标；

（二）邀请招标；

（三）竞争性谈判；

（四）单一来源采购；

（五）询价；

（六）国务院政府采购监督管理部门认定的其他采购方式。

公开招标应作为政府采购的主要采购方式。

第二十七条　采购人采购货物或者服务应当采用公开招标方式的，其具体数额标准，属于中央预算的政府采购项目，由国务院规定；属于地方预算的政府采购项目，由省、自治区、直辖市人民政府规定；因特殊情况需要采用公开招标以外的采购方式的，应当在采购活动开始前获得设区的市、自治州以上人民政府采购监督管理部门的批准。

第二十八条　采购人不得将应当以公开招标方式采购的货物或者服务化整为零或者以其他任何方式规避公开招标采购。

第二十九条　符合下列情形之一的货物或者服务，可以依照本法采用邀请招标方式采购：

（一）具有特殊性，只能从有限范围的供应商处采购的；

（二）采用公开招标方式的费用占政府采购项目总价值的比例过大的。

第三十条 符合下列情形之一的货物或者服务，可以依照本法采用竞争性谈判方式采购：

（一）招标后没有供应商投标或者没有合格标的或者重新招标未能成立的；

（二）技术复杂或者性质特殊，不能确定详细规格或者具体要求的；

（三）采用招标所需时间不能满足用户紧急需要的；

（四）不能事先计算出价格总额的。

第三十一条 符合下列情形之一的货物或者服务，可以依照本法采用单一来源方式采购：

（一）只能从唯一供应商处采购的；

（二）发生了不可预见的紧急情况不能从其他供应商处采购的；

（三）必须保证原有采购项目一致性或者服务配套的要求，需要继续从原供应商处添购，且添购资金总额不超过原合同采购金额百分之十的。

第三十二条 采购的货物规格、标准统一、现货货源充足且价格变化幅度小的政府采购项目，可以依照本法采用询价方式采购。

第四章　政府采购程序

第三十三条 负有编制部门预算职责的部门在编制下一财政年度部门预算时，应当将该财政年度政府采购的项目及资金预算列出，报本级财政部门汇总。部门预算的审批，按预算管理权限和程序进行。

第三十四条 货物或者服务项目采取邀请招标方式采购的，采购人应当从符合相应资格条件的供应商中，通过随机方式选择三家以上的供应商，并向其发出投标邀请书。

第三十五条 货物和服务项目实行招标方式采购的，自招标文件开始发出之日起至投标人提交投标文件截止之日止，不得少于二十日。

第三十六条 在招标采购中，出现下列情形之一的，应予废标：

（一）符合专业条件的供应商或者对招标文件作实质响应的供应商不足三家的；

（二）出现影响采购公正的违法、违规行为的；

（三）投标人的报价均超过了采购预算，采购人不能支付的；

（四）因重大变故，采购任务取消的。

废标后，采购人应当将废标理由通知所有投标人。

第三十七条 废标后，除采购任务取消情形外，应当重新组织招标；需要采取其他方式采购的，应当在采购活动开始前获得设区的市、自治州以上人民政府采购监督管理部门或者政府有关部门批准。

第三十八条 采用竞争性谈判方式采购的，应当遵循下列程序：

（一）成立谈判小组。谈判小组由采购人的代表和有关专家共三人以上的单数组成，其中专家的人数不得少于成员总数的三分之二。

（二）制定谈判文件。谈判文件应当明确谈判程序、谈判内容、合同草案的条款以及评定成交的标准等事项。

（三）确定邀请参加谈判的供应商名单。谈判小组从符合相应资格条件的供应商名单中确定不少于三家的供应商参加谈判，并向其提供谈判文件。

（四）谈判。谈判小组所有成员集中与单一供应商分别进行谈判。在谈判中，谈判的任何一方不得透露与谈判有关的其他供应商的技术资料、价格和其他信息。谈判文件有实质性变动的，谈判小组应当以书面形式通知所有参加谈判的供应商。

（五）确定成交供应商。谈判结束后，谈判小组应当要求所有参加谈判的供应商在规定时间内进行最后报价，采购人从谈判小组提出的成交候选人中根据符合采购需求、质量和服务相等且报价最低的原则确定成交供应商，并将结果通知所有参加谈判的未成交的供应商。

第三十九条 采取单一来源方式采购的，采购人与供应商应当遵循本法规定的原则，在保证采购项目质量和双方商定合理价格的基础上进行采购。

第四十条 采取询价方式采购的，应当遵循下列程序：

（一）成立询价小组。询价小组由采购人的代表和有关专家共三人以上的单数组成，其中专家的人数不得少于成员总数的三分之二。询价小组应当对采购项目的价格构成和评定成交的标准等事项作出规定。

（二）确定被询价的供应商名单。询价小组根据采购需求，从符合相应资格条件的供应商名单中确定不少于三家的供应商，并向其发出询价通知书让其报价。

（三）询价。询价小组要求被询价的供应商一次报出不得更改的价格。

（四）确定成交供应商。采购人根据符合采购需求、质量和服务相等且报价最低的原则确定成交供应商，并将结果通知所有被询价的未成交的供应商。

第四十一条 采购人或者其委托的采购代理机构应当组织对供应商履约的验收。大型或者复杂的政府采购项目，应当邀请国家认可的质量检测机构参加验收工作。验收方成员应当在验收书上签字，并承担相应的法律责任。

第四十二条 采购人、采购代理机构对政府采购项目每项采购活动的采购文件应当妥善保存，不得伪造、变造、隐匿或者销毁。采购文件的保存期限为从采购结束之日起至少保存十五年。

采购文件包括采购活动记录、采购预算、招标文件、投标文件、评标标准、评估报告、定标文件、合同文本、验收证明、质疑答复、投诉处理决定及其他有关文件、资料。

采购活动记录至少应当包括下列内容：

（一）采购项目类别、名称；

（二）采购项目预算、资金构成和合同价格；

（三）采购方式，采用公开招标以外的采购方式的，应当载明原因；

（四）邀请和选择供应商的条件及原因；

（五）评标标准及确定中标人的原因；

（六）废标的原因；

（七）采用招标以外采购方式的相应记载。

第五章　政府采购合同

第四十三条　政府采购合同适用合同法。采购人和供应商之间的权利和义务，应当按照平等、自愿的原则以合同方式约定。

采购人可以委托采购代理机构代表其与供应商签订政府采购合同。由采购代理机构以采购人名义签订合同的，应当提交采购人的授权委托书，作为合同附件。

第四十四条　政府采购合同应当采用书面形式。

第四十五条　国务院政府采购监督管理部门应当会同国务院有关部门，规定政府采购合同必须具备的条款。

第四十六条　采购人与中标、成交供应商应当在中标、成交通知书发出之日起三十日内，按照采购文件确定的事项签订政府采购合同。

中标、成交通知书对采购人和中标、成交供应商均具有法律效力。中标、成交通知书发出后，采购人改变中标、成交结果的，或者中标、成交供应商放弃中标、成交项目的，应当依法承担法律责任。

第四十七条　政府采购项目的采购合同自签订之日起七个工作日内，采购人应当将合同副本报同级政府采购监督管理部门和有关部门备案。

第四十八条　经采购人同意，中标、成交供应商可以依法采取分包方式履行合同。

政府采购合同分包履行的，中标、成交供应商就采购项目和分包项目向采购人负责，分包供应商就分包项目承担责任。

第四十九条　政府采购合同履行中，采购人需追加与合同标的相同的货物、工程或者服务的，在不改变合同其他条款的前提下，可以与供应商协商签订补充合同，但所有补充合同的采购金额不得超过原合同采购金额的百分之十。

第五十条　政府采购合同的双方当事人不得擅自变更、中止或者终止合同。

政府采购合同继续履行将损害国家利益和社会公共利益的，双方当事人应当变更、中止或者终止合同。有过错的一方应当承担赔偿责任，双方都有过错的，各自承担相应的责任。

第六章　质疑与投诉

第五十一条　供应商对政府采购活动事项有疑问的，可以向采购人提出询问，采购人应当及时作出答复，但答复的内容不得涉及商业秘密。

第五十二条　供应商认为采购文件、采购过程和中标、成交结果使自己的权益受到损害的，可以在知道或者应知其权益受到损害之日起七个工作日内，以书面形式向采购人提出质疑。

第五十三条　采购人应当在收到供应商的书面质疑后七个工作日内作出答复，并以书面形式通知质疑供应商和其他有关供应商，但答复的内容不得涉及商业秘密。

第五十四条　采购人委托采购代理机构采购的，供应商可以向采购代理机构提出询问或者质疑，采购代理机构应当依照本法第五十一条、第五十三条的规定就采购人委托授权范围内的事项作出答复。

第五十五条　质疑供应商对采购人、采购代理机构的答复不满意或者采购人、采购代理机构未在规定的时间内作出答复的，可以在答复期满后十五个工作日内向同级政府采购监督管理部门投诉。

第五十六条　政府采购监督管理部门应当在收到投诉后三十个工作日内，对投诉事项作出处理决定，并以书面形式通知投诉人和与投诉事项有关的当事人。

第五十七条　政府采购监督管理部门在处理投诉事项期间，可以视具体情况书面通知采购人暂停采购活动，但暂停时间最长不得超过三十日。

第五十八条　投诉人对政府采购监督管理部门的投诉处理决定不服或者政府采购监督管理部门逾期未作处理的，可以依法申请行政复议或者向人民法院提起行政诉讼。

第七章　监督检查

第五十九条　政府采购监督管理部门应当加强对政府采购活动及集中采购机构的监督检查。

监督检查的主要内容是：

（一）有关政府采购的法律、行政法规和规章的执行情况；

（二）采购范围、采购方式和采购程序的执行情况；

（三）政府采购人员的职业素质和专业技能。

第六十条　政府采购监督管理部门不得设置集中采购机构，不得参与政府采购项目的采购活动。

采购代理机构与行政机关不得存在隶属关系或者其他利益关系。

第六十一条　集中采购机构应当建立健全内部监督管理制度。采购活动的决策和执行程序应当明确，并相互监督、相互制约。经办采购的人员与负责采购合同审核、验收人员的职责权限应当明确，并相互分离。

第六十二条　集中采购机构的采购人员应当具有相关职业素质和专业技能，符合政府采购监督管理部门规定的专业岗位任职要求。

集中采购机构对其工作人员应当加强教育和培训；对采购人员的专业水平、工作实绩和职业道德状况定期进行考核。采购人员经考核不合格的，不得继续任职。

第六十三条　政府采购项目的采购标准应当公开。

采用本法规定的采购方式的，采购人在采购活动完成后，应当将采购结果予以公布。

第六十四条　采购人必须按照本法规定的采购方式和采购程序进行采购。

任何单位和个人不得违反本法规定，要求采购人或者采购工作人员向其指定的供应商进行采购。

第六十五条　政府采购监督管理部门应当对政府采购项目的采购活动进行检查，政府采购当事人应当如实反映情况，提供有关材料。

第六十六条　政府采购监督管理部门应当对集中采购机构的采购价格、节约资金效果、服务质量、信誉状况、有无违法行为等事项进行考核，并定期如实公布考核结果。

第六十七条　依照法律、行政法规的规定对政府采购负有行政监督职责的政府有关部门，应当按照其职责分工，加强对政府采购活动的监督。

第六十八条　审计机关应当对政府采购进行审计监督。政府采购监督管理部门、政府采购各当事人有关政府采购活动，应当接受审计机关的审计监督。

第六十九条　监察机关应当加强对参与政府采购活动的国家机关、国家公务员和国家行政机关任命的其他人员实施监察。

第七十条 任何单位和个人对政府采购活动中的违法行为，有权控告和检举，有关部门、机关应当依照各自职责及时处理。

第八章 法律责任

第七十一条 采购人、采购代理机构有下列情形之一的，责令限期改正，给予警告，可以并处罚款，对直接负责的主管人员和其他直接责任人员，由其行政主管部门或者有关机关给予处分，并予通报：

（一）应当采用公开招标方式而擅自采用其他方式采购的；

（二）擅自提高采购标准的；

（三）以不合理的条件对供应商实行差别待遇或者歧视待遇的；

（四）在招标采购过程中与投标人进行协商谈判的；

（五）中标、成交通知书发出后不与中标、成交供应商签订采购合同的；

（六）拒绝有关部门依法实施监督检查的。

第七十二条 采购人、采购代理机构及其工作人员有下列情形之一，构成犯罪的，依法追究刑事责任；尚不构成犯罪的，处以罚款，有违法所得的，并处没收违法所得，属于国家机关工作人员的，依法给予行政处分：

（一）与供应商或者采购代理机构恶意串通的；

（二）在采购过程中接受贿赂或者获取其他不正当利益的；

（三）在有关部门依法实施的监督检查中提供虚假情况的；

（四）开标前泄露标底的。

第七十三条 有前两条违法行为之一影响中标、成交结果或者可能影响中标、成交结果的，按下列情况分别处理：

（一）未确定中标、成交供应商的，终止采购活动；

（二）中标、成交供应商已经确定但采购合同尚未履行的，撤销合同，从合格的中标、成交候选人中另行确定中标、成交供应商；

（三）采购合同已经履行的，给采购人、供应商造成损失的，由责任人承担赔偿责任。

第七十四条 采购人对应当实行集中采购的政府采购项目，不委托集中采购机构实行集中采购的，由政府采购监督管理部门责令改正；拒不改正的，停止按预算向其支付资金，由其上级行政主管部门或者有关机关依法给予其直接负责的主管人员和其他直接责任人员处分。

第七十五条 采购人未依法公布政府采购项目的采购标准和采购结果的，责令改正，对直接负责的主管人员依法给予处分。

第七十六条 采购人、采购代理机构违反本法规定隐匿、销毁应当保存的采购文件或者伪造、变造采购文件的，由政府采购监督管理部门处以二万元以上十万元以下的罚款，对其直接负责的主管人员和其他直接责任人员依法给予处分；构成犯罪的，依法追究刑事责任。

第七十七条 供应商有下列情形之一的，处以采购金额千分之五以上千分之十以下的罚款，列入不良行为记录名单，在一至三年内禁止参加政府采购活动，有违法所得的，并处没收违法所得，情节严重的，由工商行政管理机关吊销营业执照；构成犯罪的，依法追究刑事责任：

（一）提供虚假材料谋取中标、成交的；

（二）采取不正当手段诋毁、排挤其他供应商的；

（三）与采购人、其他供应商或者采购代理机构恶意串通的；

（四）向采购人、采购代理机构行贿或者提供其他不正当利益的；

（五）在招标采购过程中与采购人进行协商谈判的；

（六）拒绝有关部门监督检查或者提供虚假情况的。

供应商有前款第（一）至（五）项情形之一的，中标、成交无效。

第七十八条 采购代理机构在代理政府采购业务中有违法行为的，按照有关法律规定处以罚款，可以在一至三年内禁止其代理政府采购业务，构成犯罪的，依法追究刑事责任。

第七十九条 政府采购当事人有本法第七十一条、第七十二条、第七十七条违法行为之一，给他人造成损失的，并应依照有关民事法律规定承担民事责任。

第八十条 政府采购监督管理部门的工作人员在实施监督检查中违反本法规定滥用职权，玩忽职守，徇私舞弊的，依法给予行政处分；构成犯罪的，依法追究刑事责任。

第八十一条 政府采购监督管理部门对供应商的投诉逾期未作处理的，给予直接负责的主管人员和其他直接责任人员行政处分。

第八十二条 政府采购监督管理部门对集中采购机构业绩的考核，有虚假陈述，隐瞒真实情况的，或者不作定期考核和公布考核结果的，应当及时纠正，由其上级机关或者监察机关对其负责人进行通报，并对直接负责的人员依法给予行政处分。

集中采购机构在政府采购监督管理部门考核中，虚报业绩，隐瞒真实情况的，处以二万元以上二十万元以下的罚款，并予以通报；情节严重的，取消其代理采购的资格。

第八十三条　任何单位或者个人阻挠和限制供应商进入本地区或者本行业政府采购市场的，责令限期改正；拒不改正的，由该单位、个人的上级行政主管部门或者有关机关给予单位责任人或者个人处分。

第九章　附则

第八十四条　使用国际组织和外国政府贷款进行的政府采购，贷款方、资金提供方与中方达成的协议对采购的具体条件另有规定的，可以适用其规定，但不得损害国家利益和社会公共利益。

第八十五条　对因严重自然灾害和其他不可抗力事件所实施的紧急采购和涉及国家安全和秘密的采购，不适用本法。

第八十六条　军事采购法规由中央军事委员会另行制定。

第八十七条　本法实施的具体步骤和办法由国务院规定。

第八十八条　本法自 2003 年 1 月 1 日起施行。

广东省财政厅关于优化省级政府采购进口产品管理有关事项的通知

粤财采购〔2021〕1号

省直各单位：

为贯彻落实我省深化政府采购制度改革精神，优化省级政府采购进口产品管理，强化事中事后监管，现就有关事项通知如下：

一、优化政府采购进口产品管理

（一）采购人拟采购的进口产品属于以下情形的，由采购人在广东政府采购智慧云平台（以下简称云平台）提出申请，向省财政厅备案后，依法开展采购活动。

1. 部门进口产品清单内的进口产品；

2. 同一预算年度内，已经核准同意的同一进口产品；

3. 省属高校、科研院所或者使用省级社科项目资金采购的进口科研仪器设备。

（二）采购人拟采购的进口产品属于以下情形的，由采购人在云平台提出申请，报省级主管预算单位核准并经省财政厅备案后，依法开展采购活动。

1. 在中国境内无法获取的；

2. 为在中国境外使用而进行采购的；

3. 中国境内有国产同类产品但无法满足实质需求的。

（三）为规范进口产品管理，减少专家论证等重复性工作，省级主管预算单位可以结合实际，对本系统内有一定共性需求的进口产品进行梳理、分类和汇总，组织专家集中统一论证，形成部门进口产品清单并报省财政厅备案。清单实行动态管理，有效期限不得超过1年。

（四）省级主管预算单位制定的部门进口产品清单，省级以下同系统的预算单位可共享使用。

二、从严审核政府采购进口产品

（一）主管预算单位应当建立健全本部门的政府采购进口产品核准管理相关制度，严格落实过"紧日子"要求，从严审核政府采购进口产品。对下属单位申请采购进口产品的，应当重点审核是否存在超标准采购，采购进口产品的必要性、不可替代性、经济性和效益性等。

（二）主管预算单位应当优化进口产品审核程序，科学制定进口产品申请的归集周期和频次，实行"一揽子"核准。在收到下属单位的进口产品申请后，主管预算单位原则上应当在5个工作日内办结。

（三）采购人拟采购进口产品的，在报主管预算单位审核时，应提交以下材料：

1. 政府采购进口产品申请表；

2. 政府采购进口产品专家论证意见，以及论证专家的姓名、工作单位和职称；

3. 项目预算批复文件或者资金来源证明；

4. 拟采购的进口产品属于中国境内有国产同类产品但无法满足实质需求的进口产品的，还需提供国产同类产品和进口产品在技术参数、功能性能等方面的对比情况表以及本单位"三重一大"事项议事决策的会议纪要、记录等；

5. 主管预算单位规定的其他材料。

三、强化事中事后监管

（一）采购人要按照"谁采购，谁负责"的原则，全面落实主体责任，健全内控管理制度，认真开展市场调查和价格测算，合理界定政府采购进口产品需求。

（二）主管预算单位要从严核准政府采购进口产品，从严管理本部门或本系统政府采购进口产品清单，加强本部门的进口产品采购活动绩效管理。

（三）省财政厅将充分利用现代信息技术实施进口产品"一张表"监管。全面梳理政府采购进口产品管理各环节，通过"一张表"反映各单位政府采购进口产品的基本情况。建立预警监控机制，对采购人进口产品采购申请事项、申请理由、采购价格以及主管预算单位审核事项的时效性、合法性、合规性进行预警监控。逐步建立进口产品和国产产品的比对、统计和分析，为采购人科学界定采购需求、国产产品行业发展等方面提供参考。

四、其他事项

（一）本通知自印发之日起执行，《广东省财政厅关于规范省级单一来源采购方式审批和进口产品核准管理有关事项的通知》（粤财采购〔2020〕13号）与本通知不一致的，以本通知为准。

（二）各地级以上市财政部门可以参照省级做法，制定本地区的进口产品管理相关制度文件。涉及需要调整本地区的云平台相关操作权限和功能设置的，请及时向省财政厅提出书面申请。

（三）进口产品相关申报文本格式、业务流程指引等可在云平台"采购人—操作指南—办事指南"中查看。

广东省财政厅

2021年1月16日

政府采购货物和服务招标投标管理办法

中华人民共和国财政部令第 87 号

财政部对《政府采购货物和服务招标投标管理办法》（财政部令第 18 号）进行了修订，修订后的《政府采购货物和服务招标投标管理办法》已经部务会议审议通过。现予公布，自 2017 年 10 月 1 日起施行。

部长　肖捷

2017 年 7 月 11 日

第一章　总则

第一条　为了规范政府采购当事人的采购行为，加强对政府采购货物和服务招标投标活动的监督管理，维护国家利益、社会公共利益和政府采购招标投标活动当事人的合法权益，依据《中华人民共和国政府采购法》（以下简称政府采购法）、《中华人民共和国政府采购法实施条例》（以下简称政府采购法实施条例）和其他有关法律法规规定，制定本办法。

第二条　本办法适用于在中华人民共和国境内开展政府采购货物和服务（以下简称货物服务）招标投标活动。

第三条　货物服务招标分为公开招标和邀请招标。

公开招标，是指采购人依法以招标公告的方式邀请非特定的供应商参加投标的采购方式。

邀请招标，是指采购人依法从符合相应资格条件的供应商中随机抽取 3 家以上供应商，并以投标邀请书的方式邀请其参加投标的采购方式。

第四条　属于地方预算的政府采购项目,省、自治区、直辖市人民政府根据实际情况,可以确定分别适用于本行政区域省级、设区的市级、县级公开招标数额标准。

第五条　采购人应当在货物服务招标投标活动中落实节约能源、保护环境、扶持不发达地区和少数民族地区、促进中小企业发展等政府采购政策。

第六条　采购人应当按照行政事业单位内部控制规范要求,建立健全本单位政府采购内部控制制度,在编制政府采购预算和实施计划、确定采购需求、组织采购活动、履约验收、答复询问质疑、配合投诉处理及监督检查等重点环节加强内部控制管理。

采购人不得向供应商索要或者接受其给予的赠品、回扣或者与采购无关的其他商品、服务。

第七条　采购人应当按照财政部制定的《政府采购品目分类目录》确定采购项目属性。按照《政府采购品目分类目录》无法确定的,按照有利于采购项目实施的原则确定。

第八条　采购人委托采购代理机构代理招标的,采购代理机构应当在采购人委托的范围内依法开展采购活动。

采购代理机构及其分支机构不得在所代理的采购项目中投标或者代理投标,不得为所代理的采购项目的投标人参加本项目提供投标咨询。

第二章　招标

第九条　未纳入集中采购目录的政府采购项目,采购人可以自行招标,也可以委托采购代理机构在委托的范围内代理招标。

采购人自行组织开展招标活动的,应当符合下列条件:

(一)有编制招标文件、组织招标的能力和条件;

(二)有与采购项目专业性相适应的专业人员。

第十条　采购人应当对采购标的的市场技术或者服务水平、供应、价格等情况进行市场调查,根据调查情况、资产配置标准等科学、合理地确定采购需求,进行价格测算。

第十一条　采购需求应当完整、明确,包括以下内容:

(一)采购标的需实现的功能或者目标,以及为落实政府采购政策需满足的要求;

（二）采购标的需执行的国家相关标准、行业标准、地方标准或者其他标准、规范；

（三）采购标的需满足的质量、安全、技术规格、物理特性等要求；

（四）采购标的的数量、采购项目交付或者实施的时间和地点；

（五）采购标的需满足的服务标准、期限、效率等要求；

（六）采购标的的验收标准；

（七）采购标的的其他技术、服务等要求。

第十二条　采购人根据价格测算情况，可以在采购预算额度内合理设定最高限价，但不得设定最低限价。

第十三条　公开招标公告应当包括以下主要内容：

（一）采购人及其委托的采购代理机构的名称、地址和联系方法；

（二）采购项目的名称、预算金额，设定最高限价的，还应当公开最高限价；

（三）采购人的采购需求；

（四）投标人的资格要求；

（五）获取招标文件的时间期限、地点、方式及招标文件售价；

（六）公告期限；

（七）投标截止时间、开标时间及地点；

（八）采购项目联系人姓名和电话。

第十四条　采用邀请招标方式的，采购人或者采购代理机构应当通过以下方式产生符合资格条件的供应商名单，并从中随机抽取3家以上供应商向其发出投标邀请书：

（一）发布资格预审公告征集；

（二）从省级以上人民政府财政部门（以下简称财政部门）建立的供应商库中选取；

（三）采购人书面推荐。

采用前款第一项方式产生符合资格条件供应商名单的，采购人或者采购代理机构应当按照资格预审文件载明的标准和方法，对潜在投标人进行资格预审。

采用第一款第二项或者第三项方式产生符合资格条件供应商名单的，备选的符合资格条件供应商总数不得少于拟随机抽取供应商总数的两倍。

随机抽取是指通过抽签等能够保证所有符合资格条件供应商机会均等的方式选定供应商。随机抽取供应商时，应当有不少于两名采购人工作人员在场监督，并形成书面记录，随采购文件一并存档。

投标邀请书应当同时向所有受邀请的供应商发出。

第十五条　资格预审公告应当包括以下主要内容：

（一）本办法第十三条第一至四项、第六项和第八项内容；

（二）获取资格预审文件的时间期限、地点、方式；

（三）提交资格预审申请文件的截止时间、地点及资格预审日期。

第十六条　招标公告、资格预审公告的公告期限为 5 个工作日。公告内容应当以省级以上财政部门指定媒体发布的公告为准。公告期限自省级以上财政部门指定媒体最先发布公告之日起算。

第十七条　采购人、采购代理机构不得将投标人的注册资本、资产总额、营业收入、从业人员、利润、纳税额等规模条件作为资格要求或者评审因素，也不得通过将除进口货物以外的生产厂家授权、承诺、证明、背书等作为资格要求，对投标人实行差别待遇或者歧视待遇。

第十八条　采购人或者采购代理机构应当按照招标公告、资格预审公告或者投标邀请书规定的时间、地点提供招标文件或者资格预审文件，提供期限自招标公告、资格预审公告发布之日起计算不得少于 5 个工作日。提供期限届满后，获取招标文件或者资格预审文件的潜在投标人不足 3 家的，可以顺延提供期限，并予公告。

公开招标进行资格预审的，招标公告和资格预审公告可以合并发布，招标文件应当向所有通过资格预审的供应商提供。

第十九条　采购人或者采购代理机构应当根据采购项目的实施要求，在招标公告、资格预审公告或者投标邀请书中载明是否接受联合体投标。如未载明，不得拒绝联合体投标。

第二十条　采购人或者采购代理机构应当根据采购项目的特点和采购需求编制招标文件。招标文件应当包括以下主要内容：

（一）投标邀请；

（二）投标人须知（包括投标文件的密封、签署、盖章要求等）；

（三）投标人应当提交的资格、资信证明文件；

（四）为落实政府采购政策，采购标的需满足的要求，以及投标人须提供的证明材料；

（五）投标文件编制要求、投标报价要求和投标保证金交纳、退还方式以及不予退还投标保证金的情形；

（六）采购项目预算金额，设定最高限价的，还应当公开最高限价；

（七）采购项目的技术规格、数量、服务标准、验收等要求，包括附件、图纸等；

（八）拟签订的合同文本；

（九）货物、服务提供的时间、地点、方式；

（十）采购资金的支付方式、时间、条件；

（十一）评标方法、评标标准和投标无效的情形；

（十二）投标有效期；

（十三）投标截止时间、开标时间及地点；

（十四）采购代理机构代理费用的收取标准和方式；

（十五）投标人信用信息查询渠道及截止时点、信用信息查询记录和证据留存的具体方式、信用信息的使用规则等；

（十六）省级以上财政部门规定的其他事项。

对于不允许偏离的实质性要求和条件，采购人或者采购代理机构应当在招标文件中规定，并以醒目的方式标明。

第二十一条 采购人或者采购代理机构应当根据采购项目的特点和采购需求编制资格预审文件。资格预审文件应当包括以下主要内容：

（一）资格预审邀请；

（二）申请人须知；

（三）申请人的资格要求；

（四）资格审核标准和方法；

（五）申请人应当提供的资格预审申请文件的内容和格式；

（六）提交资格预审申请文件的方式、截止时间、地点及资格审核日期；

（七）申请人信用信息查询渠道及截止时点、信用信息查询记录和证据留存的具体方式、信用信息的使用规则等内容；

（八）省级以上财政部门规定的其他事项。

资格预审文件应当免费提供。

第二十二条 采购人、采购代理机构一般不得要求投标人提供样品，仅凭书面方式不能准确描述采购需求或者需要对样品进行主观判断以确认是否满足采购需求等特殊情况除外。

要求投标人提供样品的，应当在招标文件中明确规定样品制作的标准和要求、是否需要随样品提交相关检测报告、样品的评审方法以及评审标准。需要随样品提交检测报告的，还应当规定检测机构的要求、检测内容等。

采购活动结束后，对于未中标人提供的样品，应当及时退还或者经未中标人同意后自行处理；对于中标人提供的样品，应当按照招标文件的规定进行保管、封存，并作为履约验收的参考。

第二十三条　投标有效期从提交投标文件的截止之日起算。投标文件中承诺的投标有效期应当不少于招标文件中载明的投标有效期。投标有效期内投标人撤销投标文件的，采购人或者采购代理机构可以不退还投标保证金。

第二十四条　招标文件售价应当按照弥补制作、邮寄成本的原则确定，不得以营利为目的，不得以招标采购金额作为确定招标文件售价的依据。

第二十五条　招标文件、资格预审文件的内容不得违反法律、行政法规、强制性标准、政府采购政策，或者违反公开透明、公平竞争、公正和诚实信用原则。

有前款规定情形，影响潜在投标人投标或者资格预审结果的，采购人或者采购代理机构应当修改招标文件或者资格预审文件后重新招标。

第二十六条　采购人或者采购代理机构可以在招标文件提供期限截止后，组织已获取招标文件的潜在投标人现场考察或者召开开标前答疑会。

组织现场考察或者召开答疑会的，应当在招标文件中载明，或者在招标文件提供期限截止后以书面形式通知所有获取招标文件的潜在投标人。

第二十七条　采购人或者采购代理机构可以对已发出的招标文件、资格预审文件、投标邀请书进行必要的澄清或者修改，但不得改变采购标的和资格条件。澄清或者修改应当在原公告发布媒体上发布澄清公告。澄清或者修改的内容为招标文件、资格预审文件、投标邀请书的组成部分。

澄清或者修改的内容可能影响投标文件编制的，采购人或者采购代理机构应当在投标截止时间至少15日前，以书面形式通知所有获取招标文件的潜在投标人；不足15日的，采购人或者采购代理机构应当顺延提交投标文件的截止时间。

澄清或者修改的内容可能影响资格预审申请文件编制的，采购人或者采购代理机构应当在提交资格预审申请文件截止时间至少3日前，以书面形式通知所有获取资格预审文件的潜在投标人；不足3日的，采购人或者采购代理机构应当顺延提交资格预审申请文件的截止时间。

第二十八条　投标截止时间前，采购人、采购代理机构和有关人员不得向他人透露已获取招标文件的潜在投标人的名称、数量以及可能影响公平竞争的有关招标投标的其他情况。

第二十九条　采购人、采购代理机构在发布招标公告、资格预审公告或者发出投标邀请书后，除因重大变故采购任务取消情况外，不得擅自终止招标活动。

终止招标的，采购人或者采购代理机构应当及时在原公告发布媒体上发布终止公告，以书面形式通知已经获取招标文件、资格预审文件或者被邀请的潜在投标人，并将项目实施情况和采购任务取消原因报告本级财政部门。已经收取招标文件费用或者投标保证金的，采购人或者采购代理机构应当在终止采购活动后5个工作日内，退还所收取的招标文件费用和所收取的投标保证金及其在银行产生的孳息。

第三章　投标

第三十条　投标人，是指响应招标、参加投标竞争的法人、其他组织或者自然人。

第三十一条　采用最低评标价法的采购项目，提供相同品牌产品的不同投标人参加同一合同项下投标的，以其中通过资格审查、符合性审查且报价最低的参加评标；报价相同的，由采购人或者采购人委托评标委员会按照招标文件规定的方式确定一个参加评标的投标人，招标文件未规定的采取随机抽取方式确定，其他投标无效。

使用综合评分法的采购项目，提供相同品牌产品且通过资格审查、符合性审查的不同投标人参加同一合同项下投标的，按一家投标人计算，评审后得分最高的同品牌投标人获得中标人推荐资格；评审得分相同的，由采购人或者采购人委托评标委员会按照招标文件规定的方式确定一个投标人获得中标人推荐资格，招标文件未规定的采取随机抽取方式确定，其他同品牌投标人不作为中标候选人。

非单一产品采购项目，采购人应当根据采购项目技术构成、产品价格比重等合理确定核心产品，并在招标文件中载明。多家投标人提供的核心产品品牌相同的，按前两款规定处理。

第三十二条　投标人应当按照招标文件的要求编制投标文件。投标文件应当对招标文件提出的要求和条件作出明确响应。

第三十三条　投标人应当在招标文件要求提交投标文件的截止时间前，将投标文件密封送达投标地点。采购人或者采购代理机构收到投标文件后，应当如实记载投标文件的送达时间和密封情况，签收保存，并向投标人出具签收回执。任何单位和个人不得在开标前开启投标文件。

逾期送达或者未按照招标文件要求密封的投标文件，采购人、采购代理机构应当拒收。

第三十四条　投标人在投标截止时间前，可以对所递交的投标文件进行补充、修改或者撤回，并书面通知采购人或者采购代理机构。补充、修改的内容应当按照招标文件要求签署、盖章、密封后，作为投标文件的组成部分。

第三十五条　投标人根据招标文件的规定和采购项目的实际情况，拟在中标后将中标项目的非主体、非关键性工作分包的，应当在投标文件中载明分包承担主体，分包承担主体应当具备相应资质条件且不得再次分包。

第三十六条　投标人应当遵循公平竞争的原则，不得恶意串通，不得妨碍其他投标人的竞争行为，不得损害采购人或者其他投标人的合法权益。

在评标过程中发现投标人有上述情形的，评标委员会应当认定其投标无效，并书面报告本级财政部门。

第三十七条 有下列情形之一的，视为投标人串通投标，其投标无效：

（一）不同投标人的投标文件由同一单位或者个人编制；

（二）不同投标人委托同一单位或者个人办理投标事宜；

（三）不同投标人的投标文件载明的项目管理成员或者联系人员为同一人；

（四）不同投标人的投标文件异常一致或者投标报价呈规律性差异；

（五）不同投标人的投标文件相互混装；

（六）不同投标人的投标保证金从同一单位或者个人的账户转出。

第三十八条 投标人在投标截止时间前撤回已提交的投标文件的，采购人或者采购代理机构应当自收到投标人书面撤回通知之日起 5 个工作日内，退还已收取的投标保证金，但因投标人自身原因导致无法及时退还的除外。

采购人或者采购代理机构应当自中标通知书发出之日起 5 个工作日内退还未中标人的投标保证金，自采购合同签订之日起 5 个工作日内退还中标人的投标保证金或者转为中标人的履约保证金。

采购人或者采购代理机构逾期退还投标保证金的，除应当退还投标保证金本金外，还应当按中国人民银行同期贷款基准利率上浮 20% 后的利率支付超期资金占用费，但因投标人自身原因导致无法及时退还的除外。

第四章　开标、评标

第三十九条 开标应当在招标文件确定的提交投标文件截止时间的同一时间进行。开标地点应当为招标文件中预先确定的地点。

采购人或者采购代理机构应当对开标、评标现场活动进行全程录音录像。录音录像应当清晰可辨，音像资料作为采购文件一并存档。

第四十条 开标由采购人或者采购代理机构主持，邀请投标人参加。评标委员会成员不得参加开标活动。

第四十一条 开标时，应当由投标人或者其推选的代表检查投标文件的密封情况；经确认无误后，由采购人或者采购代理机构工作人员当众拆封，宣布投标人名称、投标价格和招标文件规定的需要宣布的其他内容。

投标人不足 3 家的，不得开标。

第四十二条 开标过程应当由采购人或者采购代理机构负责记录，由参加开标的各投标人代表和相关工作人员签字确认后随采购文件一并存档。

投标人代表对开标过程和开标记录有疑义，以及认为采购人、采购代理机构相关工作人员有需要回避的情形的，应当场提出询问或者回避申请。采购人、采购代理机构对投标人代表提出的询问或者回避申请应当及时处理。

投标人未参加开标的，视同认可开标结果。

第四十三条　公开招标数额标准以上的采购项目，投标截止后投标人不足 3 家或者通过资格审查或符合性审查的投标人不足 3 家的，除采购任务取消情形外，按照以下方式处理：

（一）招标文件存在不合理条款或者招标程序不符合规定的，采购人、采购代理机构改正后依法重新招标；

（二）招标文件没有不合理条款、招标程序符合规定，需要采用其他采购方式采购的，采购人应当依法报财政部门批准。

第四十四条　公开招标采购项目开标结束后，采购人或者采购代理机构应当依法对投标人的资格进行审查。

合格投标人不足 3 家的，不得评标。

第四十五条　采购人或者采购代理机构负责组织评标工作，并履行下列职责：

（一）核对评审专家身份和采购人代表授权函，对评审专家在政府采购活动中的职责履行情况予以记录，并及时将有关违法违规行为向财政部门报告；

（二）宣布评标纪律；

（三）公布投标人名单，告知评审专家应当回避的情形；

（四）组织评标委员会推选评标组长，采购人代表不得担任组长；

（五）在评标期间采取必要的通讯管理措施，保证评标活动不受外界干扰；

（六）根据评标委员会的要求介绍政府采购相关政策法规、招标文件；

（七）维护评标秩序，监督评标委员会依照招标文件规定的评标程序、方法和标准进行独立评审，及时制止和纠正采购人代表、评审专家的倾向性言论或者违法违规行为；

（八）核对评标结果，有本办法第六十四条规定情形的，要求评标委员会复核或者书面说明理由，评标委员会拒绝的，应予记录并向本级财政部门报告；

（九）评审工作完成后，按照规定向评审专家支付劳务报酬和异地评审差旅费，不得向评审专家以外的其他人员支付评审劳务报酬；

（十）处理与评标有关的其他事项。

采购人可以在评标前说明项目背景和采购需求，说明内容不得含有歧视性、倾向性意见，不得超出招标文件所述范围。说明应当提交书面材料，并随采购文件一并存档。

第四十六条　评标委员会负责具体评标事务，并独立履行下列职责：

（一）审查、评价投标文件是否符合招标文件的商务、技术等实质性要求；

（二）要求投标人对投标文件有关事项作出澄清或者说明；

（三）对投标文件进行比较和评价；

（四）确定中标候选人名单，以及根据采购人委托直接确定中标人；

（五）向采购人、采购代理机构或者有关部门报告评标中发现的违法行为。

第四十七条　评标委员会由采购人代表和评审专家组成，成员人数应当为5人以上单数，其中评审专家不得少于成员总数的三分之二。

采购项目符合下列情形之一的，评标委员会成员人数应当为7人以上单数：

（一）采购预算金额在1 000万元以上；

（二）技术复杂；

（三）社会影响较大。

评审专家对本单位的采购项目只能作为采购人代表参与评标，本办法第四十八条第二款规定情形除外。采购代理机构工作人员不得参加由本机构代理的政府采购项目的评标。

评标委员会成员名单在评标结果公告前应当保密。

第四十八条　采购人或者采购代理机构应当从省级以上财政部门设立的政府采购评审专家库中，通过随机方式抽取评审专家。

对技术复杂、专业性强的采购项目，通过随机方式难以确定合适评审专家的，经主管预算单位同意，采购人可以自行选定相应专业领域的评审专家。

第四十九条　评标中因评标委员会成员缺席、回避或者健康等特殊原因导致评标委员会组成不符合本办法规定的，采购人或者采购代理机构应当依法补足后继续评标。被更换的评标委员会成员所作出的评标意见无效。

无法及时补足评标委员会成员的，采购人或者采购代理机构应当停止评标活动，封存所有投标文件和开标、评标资料，依法重新组建评标委员会进行评标。原评标委员会所作出的评标意见无效。

采购人或者采购代理机构应当将变更、重新组建评标委员会的情况予以记录，并随采购文件一并存档。

第五十条　评标委员会应当对符合资格的投标人的投标文件进行符合性审查，以确定其是否满足招标文件的实质性要求。

第五十一条　对于投标文件中含义不明确、同类问题表述不一致或者有明显文字和计算错误的内容，评标委员会应当以书面形式要求投标人作出必要的澄清、说明或者补正。

投标人的澄清、说明或者补正应当采用书面形式，并加盖公章，或者由法定代表人或其授权的代表签字。投标人的澄清、说明或者补正不得超出投标文件的范围或者改变投标文件的实质性内容。

第五十二条 评标委员会应当按照招标文件中规定的评标方法和标准，对符合性审查合格的投标文件进行商务和技术评估，综合比较与评价。

第五十三条 评标方法分为最低评标价法和综合评分法。

第五十四条 最低评标价法，是指投标文件满足招标文件全部实质性要求，且投标报价最低的投标人为中标候选人的评标方法。

技术、服务等标准统一的货物服务项目，应当采用最低评标价法。

采用最低评标价法评标时，除了算术修正和落实政府采购政策需进行的价格扣除外，不能对投标人的投标价格进行任何调整。

第五十五条 综合评分法，是指投标文件满足招标文件全部实质性要求，且按照评审因素的量化指标评审得分最高的投标人为中标候选人的评标方法。

评审因素的设定应当与投标人所提供货物服务的质量相关，包括投标报价、技术或者服务水平、履约能力、售后服务等。资格条件不得作为评审因素。评审因素应当在招标文件中规定。

评审因素应当细化和量化，且与相应的商务条件和采购需求对应。商务条件和采购需求指标有区间规定的，评审因素应当量化到相应区间，并设置各区间对应的不同分值。

评标时，评标委员会各成员应当独立对每个投标人的投标文件进行评价，并汇总每个投标人的得分。

货物项目的价格分值占总分值的比重不得低于30%；服务项目的价格分值占总分值的比重不得低于10%。执行国家统一定价标准和采用固定价格采购的项目，其价格不列为评审因素。

价格分应当采用低价优先法计算，即满足招标文件要求且投标价格最低的投标报价为评标基准价，其价格分为满分。其他投标人的价格分统一按照下列公式计算：

投标报价得分 =（评标基准价／投标报价）× 100

评标总得分＝ $F_1 \times A_1 + F_2 \times A_2 + \cdots\cdots + F_n \times A_n$

F_1、F_2……F_n 分别为各项评审因素的得分；

A_1、A_2、……A_n 分别为各项评审因素所占的权重（ $A_1 + A_2 + \cdots\cdots + A_n = 1$ ）。

评标过程中，不得去掉报价中的最高报价和最低报价。

因落实政府采购政策进行价格调整的，以调整后的价格计算评标基准价和投标报价。

第五十六条　采用最低评标价法的，评标结果按投标报价由低到高顺序排列。投标报价相同的并列。投标文件满足招标文件全部实质性要求且投标报价最低的投标人为排名第一的中标候选人。

第五十七条　采用综合评分法的，评标结果按评审后得分由高到低顺序排列。得分相同的，按投标报价由低到高顺序排列。得分且投标报价相同的并列。投标文件满足招标文件全部实质性要求，且按照评审因素的量化指标评审得分最高的投标人为排名第一的中标候选人。

第五十八条　评标委员会根据全体评标成员签字的原始评标记录和评标结果编写评标报告。评标报告应当包括以下内容：

（一）招标公告刊登的媒体名称、开标日期和地点；

（二）投标人名单和评标委员会成员名单；

（三）评标方法和标准；

（四）开标记录和评标情况及说明，包括无效投标人名单及原因；

（五）评标结果，确定的中标候选人名单或者经采购人委托直接确定的中标人；

（六）其他需要说明的情况，包括评标过程中投标人根据评标委员会要求进行的澄清、说明或者补正，评标委员会成员的更换等。

第五十九条　投标文件报价出现前后不一致的，除招标文件另有规定外，按照下列规定修正：

（一）投标文件中开标一览表（报价表）内容与投标文件中相应内容不一致的，以开标一览表（报价表）为准；

（二）大写金额和小写金额不一致的，以大写金额为准；

（三）单价金额小数点或者百分比有明显错位的，以开标一览表的总价为准，并修改单价；

（四）总价金额与按单价汇总金额不一致的，以单价金额计算结果为准。

同时出现两种以上不一致的，按照前款规定的顺序修正。修正后的报价按照本办法第五十一条第二款的规定经投标人确认后产生约束力，投标人不确认的，其投标无效。

第六十条　评标委员会认为投标人的报价明显低于其他通过符合性审查投标人的报价，有可能影响产品质量或者不能诚信履约的，应当要求其在评标现场合理的时间内提供书面说明，必要时提交相关证明材料；投标人不能证明其报价合理性的，评标委员会应当将其作为无效投标处理。

第六十一条　评标委员会成员对需要共同认定的事项存在争议的，应当按照少数服从多数的原则作出结论。持不同意见的评标委员会成员应当在评标报告上签署不同意见及理由，否则视为同意评标报告。

第六十二条　评标委员会及其成员不得有下列行为：

（一）确定参与评标至评标结束前私自接触投标人；

（二）接受投标人提出的与投标文件不一致的澄清或者说明，本办法第五十一条规定的情形除外；

（三）违反评标纪律发表倾向性意见或者征询采购人的倾向性意见；

（四）对需要专业判断的主观评审因素协商评分；

（五）在评标过程中擅离职守，影响评标程序正常进行的；

（六）记录、复制或者带走任何评标资料；

（七）其他不遵守评标纪律的行为。

评标委员会成员有前款第一至五项行为之一的，其评审意见无效，并不得获取评审劳务报酬和报销异地评审差旅费。

第六十三条　投标人存在下列情况之一的，投标无效：

（一）未按照招标文件的规定提交投标保证金的；

（二）投标文件未按招标文件要求签署、盖章的；

（三）不具备招标文件中规定的资格要求的；

（四）报价超过招标文件中规定的预算金额或者最高限价的；

（五）投标文件含有采购人不能接受的附加条件的；

（六）法律、法规和招标文件规定的其他无效情形。

第六十四条　评标结果汇总完成后，除下列情形外，任何人不得修改评标结果：

（一）分值汇总计算错误的；

（二）分项评分超出评分标准范围的；

（三）评标委员会成员对客观评审因素评分不一致的；

（四）经评标委员会认定评分畸高、畸低的。

评标报告签署前，经复核发现存在以上情形之一的，评标委员会应当当场修改评标结果，并在评标报告中记载；评标报告签署后，采购人或者采购代理机构发现存在以上情形之一的，应当组织原评标委员会进行重新评审，重新评审改变评标结果的，书面报告本级财政部门。

投标人对本条第一款情形提出质疑的，采购人或者采购代理机构可以组织原评标委员会进行重新评审，重新评审改变评标结果的，应当书面报告本级财政部门。

第六十五条　评标委员会发现招标文件存在歧义、重大缺陷导致评标工作无法进行，或者招标文件内容违反国家有关强制性规定的，应当停止评标工作，与采购人或者采购代理机构沟通并作书面记录。采购人或者采购代理机构确认后，应当修改招标文件，重新组织采购活动。

第六十六条　采购人、采购代理机构应当采取必要措施，保证评标在严格保密的情况下进行。除采购人代表、评标现场组织人员外，采购人的其他工作人员以及与评标工作无关的人员不得进入评标现场。

有关人员对评标情况以及在评标过程中获悉的国家秘密、商业秘密负有保密责任。

第六十七条　评标委员会或者其成员存在下列情形导致评标结果无效的，采购人、采购代理机构可以重新组建评标委员会进行评标，并书面报告本级财政部门，但采购合同已经履行的除外：

（一）评标委员会组成不符合本办法规定的；

（二）有本办法第六十二条第一至五项情形的；

（三）评标委员会及其成员独立评标受到非法干预的；

（四）有政府采购法实施条例第七十五条规定的违法行为的。

有违法违规行为的原评标委员会成员不得参加重新组建的评标委员会。

第五章　中标和合同

第六十八条　采购代理机构应当在评标结束后 2 个工作日内将评标报告送采购人。

采购人应当自收到评标报告之日起 5 个工作日内，在评标报告确定的中标候选人名单中按顺序确定中标人。中标候选人并列的，由采购人或者采购人委托评标委员会按照招标文件规定的方式确定中标人；招标文件未规定的，采取随机抽取的方式确定。

采购人自行组织招标的，应当在评标结束后 5 个工作日内确定中标人。

采购人在收到评标报告 5 个工作日内未按评标报告推荐的中标候选人顺序确定中标人，又不能说明合法理由的，视同按评标报告推荐的顺序确定排名第一的中标候选人为中标人。

第六十九条　采购人或者采购代理机构应当自中标人确定之日起 2 个工作日内，在省级以上财政部门指定的媒体上公告中标结果，招标文件应当随中标结果同时公告。

中标结果公告内容应当包括采购人及其委托的采购代理机构的名称、地址、联系方式，项目名称和项目编号，中标人名称、地址和中标金额，主要中标标的的名称、规格型号、数量、单价、服务要求，中标公告期限以及评审专家名单。

中标公告期限为 1 个工作日。

邀请招标采购人采用书面推荐方式产生符合资格条件的潜在投标人的，还应当将所有被推荐供应商名单和推荐理由随中标结果同时公告。

在公告中标结果的同时，采购人或者采购代理机构应当向中标人发出中标通知书；对未通过资格审查的投标人，应当告知其未通过的原因；采用综合评分法评审的，还应当告知未中标人本人的评审得分与排序。

第七十条　中标通知书发出后，采购人不得违法改变中标结果，中标人无正当理由不得放弃中标。

第七十一条　采购人应当自中标通知书发出之日起 30 日内，按照招标文件和中标人投标文件的规定，与中标人签订书面合同。所签订的合同不得对招标文件确定的事项和中标人投标文件作实质性修改。

采购人不得向中标人提出任何不合理的要求作为签订合同的条件。

第七十二条　政府采购合同应当包括采购人与中标人的名称和住所、标的、数量、质量、价款或者报酬、履行期限及地点和方式、验收要求、违约责任、解决争议的方法等内容。

第七十三条　采购人与中标人应当根据合同的约定依法履行合同义务。

政府采购合同的履行、违约责任和解决争议的方法等适用《中华人民共和国合同法》。

第七十四条　采购人应当及时对采购项目进行验收。采购人可以邀请参加本项目的其他投标人或者第三方机构参与验收。参与验收的投标人或者第三方机构的意见作为验收书的参考资料一并存档。

第七十五条　采购人应当加强对中标人的履约管理，并按照采购合同约定，及时向中标人支付采购资金。对于中标人违反采购合同约定的行为，采购人应当及时处理，依法追究其违约责任。

第七十六条　采购人、采购代理机构应当建立真实完整的招标采购档案，妥善保存每项采购活动的采购文件。

第六章　法律责任

第七十七条　采购人有下列情形之一的，由财政部门责令限期改正；情节严重的，给予警告，对直接负责的主管人员和其他直接责任人员由其行政主管部门或者有关机关依法给予处分，并予以通报；涉嫌犯罪的，移送司法机关处理：

（一）未按照本办法的规定编制采购需求的；

（二）违反本办法第六条第二款规定的；

（三）未在规定时间内确定中标人的；

（四）向中标人提出不合理要求作为签订合同条件的。

第七十八条　采购人、采购代理机构有下列情形之一的，由财政部门责令限期改正，情节严重的，给予警告，对直接负责的主管人员和其他直接责任人员，由其行政主管部门或者有关机关给予处分，并予通报；采购代理机构有违法所得的，没收违法所得，并可以处以不超过违法所得3倍、最高不超过3万元的罚款，没有违法所得的，可以处以1万元以下的罚款：

（一）违反本办法第八条第二款规定的；

（二）设定最低限价的；

（三）未按照规定进行资格预审或者资格审查的；

（四）违反本办法规定确定招标文件售价的；

（五）未按规定对开标、评标活动进行全程录音录像的；

（六）擅自终止招标活动的；

（七）未按照规定进行开标和组织评标的；

（八）未按照规定退还投标保证金的；

（九）违反本办法规定进行重新评审或者重新组建评标委员会进行评标的；

（十）开标前泄露已获取招标文件的潜在投标人的名称、数量或者其他可能影响公平竞争的有关招标投标情况的；

（十一）未妥善保存采购文件的；

（十二）其他违反本办法规定的情形。

第七十九条　有本办法第七十七条、第七十八条规定的违法行为之一，经改正后仍然影响或者可能影响中标结果的，依照政府采购法实施条例第七十一条规定处理。

第八十条　政府采购当事人违反本办法规定，给他人造成损失的，依法承担民事责任。

第八十一条　评标委员会成员有本办法第六十二条所列行为之一的，由财政部门责令限期改正；情节严重的，给予警告，并对其不良行为予以记录。

第八十二条　财政部门应当依法履行政府采购监督管理职责。财政部门及其工作人员在履行监督管理职责中存在懒政怠政、滥用职权、玩忽职守、徇私舞弊等违法违纪行为的，依照政府采购法、《中华人民共和国公务员法》、《中华人民共和国行政监察法》、政府采购法实施条例等国家有关规定追究相应责任；涉嫌犯罪的，移送司法机关处理。

第七章　附则

第八十三条　政府采购货物服务电子招标投标、政府采购货物中的进口机电产品招标投标有关特殊事宜，由财政部另行规定。

第八十四条　本办法所称主管预算单位是指负有编制部门预算职责，向本级财政部门申报预算的国家机关、事业单位和团体组织。

第八十五条　本办法规定按日计算期间的，开始当天不计入，从次日开始计算。期限的最后一日是国家法定节假日的，顺延到节假日后的次日为期限的最后一日。

第八十六条　本办法所称的"以上""以下""内""以内"，包括本数；所称的"不足"，不包括本数。

第八十七条　各省、自治区、直辖市财政部门可以根据本办法制定具体实施办法。

第八十八条　本办法自 2017 年 10 月 1 日起施行。财政部 2004 年 8 月 11 日发布的《政府采购货物和服务招标投标管理办法》（财政部令第 18 号）同时废止。

省市文件篇

关于加强政府采购合同签订、公开和
备案管理有关工作的通知

粤财采购函〔2019〕80号

省直各单位：

为不断规范政府采购项目信息公开工作，进一步强化省直各单位作为采购人的主体责任，根据《中华人民共和国政府采购法》及其实施条例等政府采购法律法规，现就规范政府采购合同签订、公开和备案有关事项通知如下：

一、依法签订政府采购合同

（一）关于合同签订

1. 采购人与中标、成交供应商应当自中标、成交通知书发出之日起30日内，按照采购文件确定的事项签订政府采购合同。采购人不得向中标、成交供应商提出任何不合理的要求作为签订合同的条件。

2. 中标、成交通知书对采购人和中标、成交供应商均具有法律效力。中标、成交通知书发出后，采购人改变中标、成交结果的，或者中标、成交供应商放弃中标、成交项目的，应当依法承担法律职责。

3. 政府采购合同应当包括采购人与中标人的名称和住所、标的、数量、质量、价款或者报酬、履行期限及地点和方式、验收要求、违约责任、解决争议的方法等内容。

（二）关于服务合同履行期限

采购需求具有相对固定性、延续性且价格变化幅度小的服务项目，在年度预算能保障的前提下，采购人可以签订不超过三年履行期限的政府采购合同。

（三）关于补充合同签订

政府采购合同履行中，采购人需追加合同标的相同的货物、工程或者服务的，在不改变合同其他条款的前提下，可以与供应商签订补充合同，但所有补充合同的采购金额不得超过原合同采购金额的百分之十。

二、依法公开和备案政府采购合同

（一）公开和备案范围

1. 采购人依法实施政府采购活动签订的政府采购合同应当在广东省政府采购网予以公开。未能确定具体合同金额的政府采购项目，应当公告框架协议。

2. 政府采购合同中涉及国家秘密、商业秘密的部分可以不公告，但其他内容应当公告。合同标的名称、规格型号、单价及合同金额等内容不得作为商业秘密。

3. 属于《中华人民共和国政府采购法》第八十五条规定的紧急采购和保密采购项目，以及广东省政府集中采购目录以外、限额标准以下的项目，无须进行合同备案。

（二）公开和备案时限要求

1. 采购人应当自政府采购合同签订之日起2个工作日内，登陆广东省政府采购网上传政府采购合同扫描版，如实填报政府采购合同的签订时间。广东省政府采购网将会记录各采购人合同签订时间、公开和备案时间，作为通报的依据。

2. 依法签订的补充合同，也应在补充合同签订之日起2个工作日内公开并备案采购合同。

三、加大对政府采购合同的监管力度

（一）中标、成交结果发布后超过30天尚未完成政府采购合同签订的政府采购项目，采购人应当登陆广东省政府采购网，填报未能依法签订政府采购合同的具体原因、整改措施和预计签订合同时间等信息。省财政厅视填报情况，约谈有关省直单位或开展政府采购监督检查。

（二）自2019年8月1日起，采购人登陆广东省政府采购网备案政府采购合同时，应当如实准确填报合同签订时间。省财政厅将对以下情形实施通报管理：一是对中标、成交结果发布后超过30天尚未签订政府采购合同的省直单位进行通报。二是对未在政府采购合同签订之日起2个工作日内公开备案政府采购合同的省直单位进行通报。

四、其他

（一）采购人与中标人应当根据合同的约定依法履行合同义务。政府采购合同的履行、违约责任和解决争议的方法等适用《中华人民共和国合同法》。

（二）《关于重申做好政府采购合同备案和公开工作的通知》（粤财采购函〔2018〕88号）与本通知规定不一致的，以本通知为准。

广东省财政厅

2019 年 7 月 17 日

广东省财政厅关于调整广东省政府
采购公开招标数额标准的通知

粤财采购〔2020〕2号

省直各单位，省政府采购中心，各地级以上市财政局：

为贯彻落实政府采购制度改革要求，深化政府采购"放管服"改革，根据《中华人民共和国政府采购法》和《中华人民共和国政府采购法实施条例》的规定，经省人民政府同意，现将广东省政府采购公开招标数额标准有关事项通知如下：

一、政府采购货物或服务项目的公开招标数额标准全省统一为400万元，工程项目的公开招标数额标准按国家和省有关规定统一执行。未经省人民政府同意，各地不得自行确定公开招标数额标准。

二、本通知自2020年1月1日起执行。

广东省财政厅

2020年1月6日

广东省财政厅关于开展政府采购意向公开
有关事项的通知

粤财采购〔2020〕5号

省直各单位，各地级以上市财政局：

　　为深入推进政府采购制度改革，提升政府采购透明度，优化政府采购营商环境，根据《财政部关于促进政府采购公平竞争优化营商环境的通知》（财库〔2019〕38号）以及《财政部关于开展政府采购意向公开工作的通知》（财库〔2020〕10号）有关要求，现就我省政府采购意向公开有关工作通知如下：

一、实施步骤

　　（一）开展试点。2020年7月1日起，在省科学院、省教育厅、省法院、省检察院，以及广州市、深圳市、东莞市市本级预算单位开展试点。上述试点单位和地区对自2020年7月1日起实施的政府采购项目（以下简称采购项目）按规定公开采购意向。各试点地区可根据地方实际推进其他各级预算单位采购意向公开。

　　（二）全面实施。2021年1月1日起，全省各级预算单位应当按本规定公开采购意向。各级预算单位从2020年11月1日开始对自2021年1月1日起实施的采购项目公开采购意向。

二、采购意向公开内容

　　（一）公开主体和渠道。预算单位负责公开政府采购意向。省级预算单位的采购意向在广东省政府采购网的采购意向专区予以公开，地方预算单位的采购意向在广东省政府采购网地方分网的采购意向专区予以公开。各级主管预算单位负责汇总本部门、本系统所属预算单位的采购意向后集中公开，有条件的部门可在其部门门户网站同步公开本部门、本系统的采购意向。

（二）公开范围。除实施电商直购、网上竞价、定点采购等小额零星采购项目和由集中采购机构统一组织的批量集中采购外，通过公开招标、邀请招标、竞争性谈判、竞争性磋商、询价、单一来源采购方式，按项目实施采购的集中采购目录以内或者采购限额标准以上的货物、工程、服务采购（不含涉密项目）均应当公开采购意向。

（三）公开内容。采购意向公开应当包括采购项目名称、采购需求概况、预算金额、预计采购时间等（具体格式详见附件）。其中，采购需求概况应当包括采购标的名称，采购标的需实现的主要功能或者目标，采购标的数量，采购标的需满足的质量、服务、安全、时限等要求。落实政府采购政策情况包括节能产品、环保标志产品、促进中小企业发展、残疾人福利性单位、贫困地区农副产品等。采购意向应当尽可能清晰完整，便于供应商提前做好参与采购活动的准备。采购意向仅作为供应商了解各单位初步采购安排的参考，采购项目实际采购需求、预算金额和执行时间以预算单位最终发布的采购公告和采购文件为准。

（四）公开依据。部门预算批复前公开的采购意向，以部门预算"二上"内容为依据；部门预算批复后公开的采购意向，以部门预算安排为依据。预算执行中新增采购项目应当以实际下达的预算为依据。

（五）公开途径和时间。采购意向公开时间应当尽量提前，原则上不得晚于采购活动开始前 30 日。无法满足采购意向公开时间要求的项目（即原则上不得晚于采购活动开始前 30 日），应当单独提前公开。纳入部门预算支出范围的采购项目，预算单位应当在部门预算批复后 40 日内，在政府采购系统填报采购意向要素，各主管预算部门通过政府采购系统汇总本部门、本系统所有预算单位的采购意向（涉密信息除外）后，在部门预算批复后 60 日内予以公开。

三、工作要求

（一）提高思想认识。推进采购意向公开是优化政府采购营商环境的重要举措。做好采购意向公开工作有助于提高政府采购透明度，方便供应商提前了解政府采购信息，对于保障各类市场主体平等参与政府采购活动，提升采购绩效，防范抑制腐败具有重要作用。各地区、各部门要充分认识此项工作的重要意义，高度重视、精心组织，认真做好采购意向公开工作。

（二）明确责任主体。预算单位是采购意向公开的责任主体，应确保公开信息的真实性和完整性。各级预算单位要以采购需求为前提，按照资金支出用途、标准和绩效目标完整编制政府采购预算。各级预算单位要加强采购活动的计划性，以"二上"部门预算安排为依据，提前开展市场调查，研究确定初步采购需求，确保按要求及时、全面公开采购意向，同时做好已公开采购意向的咨询答复工作。

（三）加强统筹协调。各级主管预算单位要做好统筹协调工作，及时安排部署，加强对本部门所属预算单位的督促和指导，确保所属预算单位严格按规定时间和内容公开采购意向，并按要求汇总本部门、本系统所有预算单位的采购意向后公开，确保采购意向公开不遗漏、不延误。

（四）加强监督指导。预算单位应当按要求公开采购意向。未公开采购意向的采购项目，不得开展后续采购活动。省财政厅将完善政府采购系统功能，对未按要求公开采购意向的项目予以预警并限制开展后续采购活动。各级财政部门要加强对本级预算单位采购意向公开时点和内容的指导和监督力度，确保采购意向公开的及时和完整。

附件：《政府采购意向公开参考文本》

广东省财政厅
2020 年 5 月 12 日

附件

政府采购意向公开参考文本

（单位名称）＿＿＿＿年＿＿＿＿（至）＿＿＿＿月
政府采购意向公开情况

为便于供应商及时了解政府采购信息，根据《财政部关于开展政府采购意向公开工作的通知》（财库〔2020〕10号）等有关规定，现将＿＿（单位名称）＿＿＿年＿＿＿（至）＿＿＿月采购意向公开如下：

序号	采购项目名称	采购需求概况	落实政府采购政策情况	预算金额（万元）	预计采购时间（填写到月）	备注
	填写具体采购项目的名称	填写采购标的名称，采购标的需实现的主要功能或者目标，采购标的数量，以及采购标的需满足的质量、服务、安全、时限等要求	落实国家关于节能产品、环保标志产品、促进中小企业发展、残疾人福利性单位、贫困地区农副产品等政策情况	精确到万元	填写到月	其他需要说明的情况
	……					
	……					

本次公开的采购意向是本单位政府采购工作的初步安排，具体采购项目情况以相关采购公告和采购文件为准。

××（单位名称）

××××年××月××日

中山市财政局关于转发《关于开展政府采购意向公开有关事项的通知》的通知

中财采购〔2020〕6号

市级各有关单位，市政府采购中心，火炬区财政局、翠亨新区财政金融局，各镇区财政分局，各社会代理机构：

现将《广东省财政厅关于开展政府采购意向公开有关事项的通知》（粤财采购〔2020〕5号）转发给你们，请遵照执行。

中山市财政局

2020年6月1日

广东省财政厅关于印发《广东省政府集中采购目录及标准（2020年版）》的通知

粤财采购〔2020〕18号

各地级以上市人民政府，省直各单位：

为贯彻落实国家《深化政府采购制度改革方案》（以下简称《改革方案》）精神，根据《中华人民共和国政府采购法》和《财政部关于印发〈地方预算单位政府集中采购目录及标准指引〉的通知》（财库〔2019〕69号，以下简称《地方目录及标准指引》），结合我省实际，经省人民政府授权，现将《广东省政府集中采购目录及标准（2020年版）》（以下简称《目录及标准（2020年版）》）印发给你们，并就有关事项通知如下：

一、充分认识统一集中采购目录的重要意义。《改革方案》提出了"规范并逐步在全国统一集中采购目录"明确要求。逐步缩小集中采购范围差异，实现集中采购目录相对统一，是建立全国统一政府采购市场，推动集中采购机构竞争机制，提高政府集中度的重要基础和保障。

二、《目录及标准（2020年版）》与《地方目录及标准指引》保持基本一致。财政部制定的《地方目录及标准指引》在综合分析全国各地集中采购目录情况基础上，确定了货物、服务集中采购机构采购项目的参考范围。我省以《地方目录及标准指引》为基准，并结合实际情况，保留了现行集中采购目录中的视频会议系统设备、装修工程、修缮工程、法律服务、审计服务、资产及其他评估服务等6个项目。

三、《目录及标准（2020年版）》是政府采购预算编制的重要依据，各级预算单位要按照应编尽编、"应采尽采"原则，全面、完整编制政府采购预算，并依据批复的政府采购预算及时编制政府采购计划，报同级人民政府财政部门备案后组织实施。

四、省财政厅加快建设全省统一的电子卖场，制定统一的电子卖场交易目录和交易规则，不断拓展和丰富各类电子交易方式，为各级预算单位提供方便、快捷采购渠道。

五、为落实"放管服"改革精神，本集中采购目录不包含部门集中采购项目。省级主管预算单位可结合本部门业务特点制定统一的部门集中采购项目范围及限额标准，供各地参考执行。各级主管预算单位也可以自行确定，报同级财政部门备案后实施。

六、全省原则上实行相对统一的集中采购目录。各地级以上市人民政府可结合实际，在本集中采购目录的基础上适当增加品目，原则上不超过 5 个，并报省财政厅备案。

七、《目录及标准（2020 年版）》自 2021 年 1 月 1 日起施行，《关于印发〈广东省 2017 年政府集中采购目录及标准〉的通知》（粤财采购〔2016〕7 号）、《关于调整广东省政府采购限额标准的通知》（粤财采购〔2017〕7 号）同时废止。

广东省财政厅

2020 年 8 月 12 日

广东省政府集中采购目录及标准
（2020 年版）

一、集中采购目录

凡纳入集中采购目录的项目均须按规定委托集中采购机构采购。

序号	品目	编码	说明
1	服务器	A02010103	
2	台式计算机	A02010104	
3	便携式计算机	A02010105	
4	喷墨打印机	A0201060101	
5	激光打印机	A0201060102	
6	针式打印机	A0201060104	
7	液晶显示器	A0201060401	
8	扫描仪	A0201060901	
9	基础软件	A02010801	指非定制的通用商业软件。包括操作系统、数据库管理系统、中间件、办公套件等
10	信息安全软件	A02010805	指非定制的通用商业软件。包括基础和平台类安全软件、数据安全软件、网络与边界安全软件、安全测试评估软件、安全应用软件、安全支撑软件、安全管理软件等

（续上表）

序号	品目	编码	说明
11	复印机	A020201	不包括印刷机
12	投影仪	A020202	用于测量、测绘等专用投影仪除外
13	多功能一体机	A020204	
14	LED 显示屏	A020207	
15	触控一体机	A020208	
16	碎纸机	A02021101	
17	乘用车	A020305	指轿车、越野车、商务车、皮卡，包含新能源汽车
18	客车	A020306	指小型、大中型客车，包含新能源汽车
19	电梯	A02051228	
20	不间断电源（UPS）	A02061504	
21	空调机	A0206180203	不包括中央空调、多联式空调、精密空调
22	视频会议系统设备	A020808	
23	办公家具	A06	指木制或木制为主、钢制或钢制为主、铝制或铝制为主的办公家具
24	复印纸	A090101	
25	装修工程	B07	指与建筑物、构筑物新建、改建、扩建无关的单独的装修工程
26	修缮工程	B08	指与建筑物、构筑物新建、改建、扩建无关的单独的修缮工程
27	互联网接入服务	C030102	
28	法律服务	C0801	
29	审计服务	C0803	

（续上表）

序号	品目	编码	说明
30	资产及其他评估服务	C0805	
31	印刷服务	C081401	指本单位文印部门不能承担的票据、证书、期刊、文件、公文用纸、资料汇编、信封等印刷业务（不包括出版服务）
32	物业管理服务	C1204	指本单位不能承担的办公场所水电供应、设备运行、门窗保养维护、保洁、保安、绿化养护的物业管理及服务（单独实施的保安服务项目除外）

注：1. 表中所列项目根据财政部《政府采购品目分类目录》（财库〔2013〕189号）制定，除我省另有补充说明外，各品目具体内容按照财政部《政府采购品目分类目录》（财库〔2013〕189号）对应内容解释确定。

2. 表中所列项目不包括部门集中采购项目和高校、科研机构所采购的科研仪器设备。

二、部门集中采购

各级主管预算单位对本部门或系统有特殊要求，需要统一配置的货物、工程和服务类专用项目，可结合实际工作需要自行确定本部门或系统的部门集中采购项目范围及限额标准，报同级财政部门备案后实施。部门集中采购项目的限额标准不得高于分散采购限额标准。

三、分散采购限额标准

除集中采购机构采购项目和部门集中采购项目外，单项或批量金额达到100万元以上（含100万元，下同）的货物、工程和服务项目应执行《中华人民共和国政府采购法》和《中华人民共和国招标投标法》有关规定，实行分散采购。

四、公开招标数额标准

（一）货物和服务类

单项或批量金额 400 万元以上的货物和服务项目，应采用公开招标方式。

（二）工程类

施工单项合同估算价 400 万元以上的工程项目，与工程建设有关的重要设备、材料等货物项目 200 万元以上的以及与工程建设有关的勘察、设计、监理等服务项目 100 万元以上的，必须招标。

政府采购工程以及与工程建设有关的货物、服务，采用招标方式采购的，适用《中华人民共和国招标投标法》及其实施条例；采用其他方式采购的，适用《中华人民共和国政府采购法》及其实施条例。

五、涉密采购规定

涉密政府采购项目按照《涉密政府采购管理暂行办法》（财库〔2019〕39 号）相关规定执行。

中山市财政局关于执行《广东省政府集中采购目录及标准（2020年版）》的通知

中财采购〔2020〕25号

火炬开发区管委会，翠亨新区管委会，各镇政府、区办事处，市各有关单位：

经市政府授权，现将《广东省财政厅关于印发〈广东省政府集中采购目录及标准（2020年版）〉的通知》（粤财采购〔2020〕18号）转发给你们，请遵照执行。根据政府采购相关法律法规，现就有关事项通知如下：

一、政府采购范围

（一）国家机关、事业单位和团体组织（以下统称采购人）使用财政性资金或与财政性资金无法分割的非财政性资金采购依法制定的集中采购目录以内或采购限额标准以上的货物、工程和服务的，依法实行政府采购。

（二）本集中采购目录以内或采购限额标准以上的货物、工程和服务，采购人应编制政府采购预算，并根据政府采购预算编制政府采购计划报同级财政部门备案，同时将采购计划在广东省政府采购网进行公示。

二、政府采购限额标准

目录内容	限额标准
集中采购目录	凡纳入集中采购目录的项目均须按规定委托集中采购机构采购
分散采购限额标准	单项或批量采购预算金额 100 万元以上（含 100 万元）
备注	广东省政府集中采购目录不包含部门集中采购项目。市级主管预算单位可结合工作需要自行制定部门集中采购项目范围和限额标准，该限额标准不得高于分散采购限额标准，报市财政局备案后实施

属于集中采购目录以内或采购限额标准以上的货物、工程和服务，必须按照政府采购有关法律、法规规定的采购方式和程序进行采购；不属于集中采购目录以内且未达到采购限额标准的，采购项目由采购单位自行采购。

三、公开招标数额标准

项目类别	数额标准
货物类	采购预算金额 400 万元以上（含 400 万元，与工程建设有关的货物、服务按工程招标投标有关规定执行）
服务类	
工程类	按工程招标投标有关规定执行

达到公开招标数额以上的货物、服务类项目，应当采用公开招标方式采购，因特殊情况需要采用公开招标以外方式采购的，应在政府采购活动开始前报市财政局批准。在公开招标数额以下、采购限额标准以上的项目由采购人自行依法合理选择采购方式。

四、政府采购执行规定

（一）集中采购目录内的项目，采购人必须委托集中采购机构组织实施；集中采购目录以外的项目，可自行委托集中采购机构或社会代理机构组织实施。

（二）根据《中山市财政局关于落实政府采购采购人主体责任的通知》（中财采购函〔2020〕10 号）的指引，采购单位应积极落实采购人主体责任，在充分进行市场调研的基础上组织实施政府采购，确保财政资金使用安全及使用效益，并依法答复供应商提起的询问、质疑，积极配合各级财政部门开展监督检查。

（三）对于应当进入市公共资源交易中心交易的政府采购项目，必须按《中山市人民政府关于印发中山市公共资源交易监督管理暂行办法的通知》（中府〔2013〕126号）的有关规定进入市公共资源交易中心交易。

（四）在一个财政年度内，采购人将一个预算项目下的同一品目或者类别的货物、服务采用公开招标以外的方式多次采购，累计资金数额超过公开招标数额标准的，属于以化整为零方式规避公开招标，但项目预算调整或者经批准采用公开招标以外方式采购除外。以化整为零方式规避公开招标的，按《中华人民共和国政府采购法实施条例》规定追究相关法律责任。

（五）对因严重自然灾害和其他不可抗力事件所实施的紧急采购，与涉及国家安全和秘密的采购，不适用《中华人民共和国政府采购法》。但涉密政府采购项目须按照《涉密政府采购管理暂行办法》（财库〔2019〕39号）相关规定执行。

（六）政府采购工程项目采用招标方式采购的，适用《中华人民共和国招标投标法》及其实施条例；采用其他方式采购的，适用《中华人民共和国政府采购法》及其实施条例。

（七）本通知自2021年1月1日起实施，《中山市人民政府办公室关于印发中山市2017年政府集中采购目录及采购限额标准的通知》（中府办〔2016〕63号）同时废止。

附件：《广东省财政厅关于印发〈广东省政府集中采购目录及标准（2020年版）〉的通知》（粤财采购〔2020〕18号）

中山市财政局
2020年9月21日

附件 1

部门集中采购项目

品目编码	品目名称	备注
A	货物类	
A020307	专用车辆	
A02030707	校车	
A02030708	消防车	
A02030709	警车	
A02030719	医疗车	
A02030728	清洁卫生车辆	
A0209	广播、电视、电影设备	
A020901	广播发射设备	
A020902	电视发射设备	
A020903	广播和电视接收设备	
A020904	音频节目制作和播控设备	
A020905	视频节目制作和播控设备	
A020908	卫星广播电视设备	
A0210	仪器仪表	
A021001	自动化仪表	
A021002	电工仪器仪表	
A021003	光学仪器	

（续上表）

品目编码	品目名称	备注
A021004	分析仪器	
A021005	试验机	
A021006	试验仪器及装置	
A021007	计算仪器	
A021008	量仪	
A021009	钟表及定时仪器	
A0320	医疗设备	
A032003	医用电子生理参数检测仪器设备	
A032005	医用超声波仪器及设备	
A032006	医用激光仪器及设备	
A032010	医用磁共振设备	
A032011	医用 X 线设备	
A032013	医用高能射线设备	
A032014	核医学设备	
A0324	环境污染防治设备	
A032401	大气污染防治设备	
A032402	水质污染防治设备	
A032403	固体废弃物处理设备	
A032404	噪声控制设备	
A032405	环保监测设备	
A032408	核与辐射安全设备	
A0325	政法、检测专用设备	
A032501	消防设备	
A032502	交通管理设备	
A032503	物证检验鉴定设备	

（续上表）

品目编码	品目名称	备注
A032504	安全、检查、监视、报警设备	
A032505	爆炸物处置设备	
A032506	技术侦察取证设备	
A032507	警械设备	
A032508	非杀伤性武器	
A032509	防护防暴装备	
A032510	出入境设备	
A032511	网络监察设备	
A0333	海洋仪器设备	
A033301	海洋水文气象仪器设备	
A033302	海洋地质地球物理仪器设备	
A033303	海洋生物仪器设备	
A033304	海洋化学仪器设备	
A033305	海洋声光仪器设备	
A033306	海洋船用船载仪器设备	
A033309	海洋计量检测设备	
A033310	海水淡化与综合利用设备	
A0334	专用仪器仪表	
A033401	农林牧渔专用仪器	
A033402	地质勘探、钻采及人工地震仪器	
A033403	地震专用仪器	
A033404	安全用仪器	
A033405	大坝观测仪器	
A033406	电站热工仪表	
A033407	电力数字仪表	

（续上表）

品目编码	品目名称	备注
A033408	气象仪器	
A033409	水文仪器设备	
A033410	测绘专用仪器	
A033411	天文仪器	
A033412	教学专用仪器	
A0335	文艺设备	
A033501	乐器	
A033503	舞台设备	
A0336	体育设备	
A0337	娱乐设备	
A033705	彩票销售设备	
A0501	图书	
A050101	普通图书	
A050103	电子图书	
A0703	被服装具	
A07030101	制服	
A11	医药品	
A110215	避孕药物用具	
A110503	兽用疫苗	
A110703	人用疫苗	

附件 2

中山市 2017 年政府采购品目分类表

品目编码	品目名称	备注
A	货物类	
A01	土地、建筑物及构筑物	
A0101	土地、海域及无居民海岛	
A0102	建筑物	
A0103	构筑物	
A02	通用设备	
A0201	计算机设备及软件	
A020101	计算机设备	
A02010101	巨／大／中型计算机	
A02010102	小型计算机	
A02010103	★服务器	
A02010104	★台式计算机	图形工作站除外
A02010105	★便携式计算机	移动工作站除外
A02010107	平板式微型计算机	
A02010199	其他计算机设备	包括计算机工作站、掌上电脑等
A020102	计算机网络设备	
A02010201	路由器	
A02010202	★交换设备	指交换机
A02010299	其他网络设备	

（续上表）

品目编码	品目名称	备注
A020103	信息安全设备	
A02010301	防火墙	
A02010305	容灾备份设备	
A02010306	网络隔离设备	
A02010313	虚拟专用网（VPN）设备	
A02010399	其他信息安全设备	
A020105	存储设备	包括磁盘机、磁盘阵列、存储用光纤交换机、光盘库、磁带机、磁带库、网络存储设备、移动存储设备等
A020106	输入输出设备	
A02010601	打印设备	
A0201060101	★喷墨打印机	
A0201060102	★激光打印机	
A0201060104	★针式打印机	
A0201060199	其他打印设备	
A02010604	显示设备	
A0201060401	★液晶显示器	指台式计算机显示器
A0201060499	其他显示器	
A02010605	KVM 设备	
A02010608	识别输入设备	包括刷卡机、POS 机、纸带输入机、磁卡读写器、集成电路（IC）卡读写器、非接触式智能卡读写机、触摸屏等
A02010609	图形图像输入设备	
A0201060901	★扫描仪	

（续上表）

品目编码	品目名称	备注
A0201060999	其他图形图像输入设备	
A02010699	其他输入输出设备	
A020108	计算机软件	
A02010801	基础软件	包括操作系统、数据库管理系统、中间件、办公套件等
A02010802	支撑软件	
A02010803	应用软件	
A02010804	嵌入式软件	
A02010805	信息安全软件	
A020199	其他计算机设备及软件	
A0202	办公设备	
A020201	★复印机	
A020202	★投影仪	
A020203	投影幕	
A020204	★多功能一体机	
A020205	照相机及器材	
A0202050102	★通用照相机	指普通照相机，含器材
A0202050104	专用照相机	
A020206	电子白板	
A020207	LED 显示屏	
A020208	触控一体机	
A020209	刻录机	
A020210	文印设备	
A02021001	★速印机	
A02021002	胶印机	

（续上表）

品目编码	品目名称	备注
A02021006	油印机	
A02021099	其他文印设备	
A020211	销毁设备	
A02021101	★碎纸机	
A02021199	其他销毁设备	
A020212	条码打印机	
A020299	其他办公设备	
A0203	车辆	
A020301	载货汽车（含自卸汽车）	
A020305	★乘用车（轿车）	
A020306	★客车	
A020307	专用车辆	
A02030707	▲校车	
A02030708	▲消防车	
A02030709	▲警车	
A02030719	▲医疗车	
A02030728	▲清洁卫生车辆	
A02030799	其他专用车辆	
A020308	城市交通车辆	
A020309	摩托车	
A0204	图书档案设备	
A0205	机械设备	
A020512	起重设备	
A02051228	★电梯	
A02051229	自动扶梯	

（续上表）

品目编码	品目名称	备注
A020517	机械立体停车设备	
A020523	制冷空调设备	包括中央空调，冷库制冷设备，机房专用空调，恒温、恒湿精密空调等
A020599	其他机械设备	
A0206	电气设备	
A020601	电机	
A020615	电源设备	
A02061504	不间断电源（UPS）	
A02061599	其他电源设备	
A020618	生活用电器	
A02061801	制冷电器	
A0206180101	★电冰箱	
A0206180102	冷藏柜	
A0206180199	其他制冷电器	
A02061802	空气调节电器	
A0206180203	★空调机	
A0206180205	空气净化设备	
A0206180299	其他空气调节电器	
A02061808	热水器	
A02061899	其他生活用电器	
A020619	照明设备	
A020699	其他电气设备	
A0207	雷达、无线电和卫星导航设备	不包括军用雷达
A0208	通信设备	
A020801	无线电通信设备	

（续上表）

品目编码	品目名称	备注
A020804	卫星通信设备	
A020807	电话通信设备	
A020808	★视频会议系统设备	
A020810	传真及数据数字通信设备	
A0209	广播、电视、电影设备	
A020901	▲广播发射设备	
A020902	▲电视发射设备	
A020903	▲广播和电视接收设备	
A020904	▲音频节目制作和播控设备	
A020905	▲视频节目制作和播控设备	
A020908	▲卫星广播电视设备	
A020910	电视设备	
A02091001	★普通电视设备（电视机）	
A02091099	其他电视设备	
A020911	视频设备	
A02091102	★通用摄像机	
A02091107	视频监控设备	包括监控摄像机、报警传感器、数字硬盘录像机、视频分割器、监控电视墙（拼接显示器）、监视器、门禁系统等
A02091199	其他视频设备	
A020915	电影设备	
A020999	其他广播、电视、电影设备	
A0210	仪器仪表	
A021001	▲自动化仪表	
A021002	▲电工仪器仪表	

（续上表）

品目编码	品目名称	备注
A021003	▲光学仪器	
A021004	▲分析仪器	
A021005	▲试验机	
A021006	▲试验仪器及装置	
A021007	▲计算仪器	
A021008	▲量仪	
A021009	▲钟表及定时仪器	
A021099	其他仪器仪表	
A0211	电子和通信测量仪器	
A0212	计量标准器具及量具、衡器	
A03	专用设备	
A0301	探矿、采矿、选矿和造块设备	
A0309	工程机械	
A0310	农业和林业机械	
A0312	食品加工专用设备	
A0319	化学药品和中药专用设备	
A0320	医疗设备	
A032001	手术器械	
A032002	普通诊察器械	
A032003	▲医用电子生理参数检测仪器设备	
A032004	医用光学仪器	
A032005	▲医用超声波仪器及设备	
A032006	▲医用激光仪器及设备	
A032007	医用内窥镜	

（续上表）

品目编码	品目名称	备注
A032008	物理治疗、康复及体育治疗仪器设备	
A032009	中医器械设备	
A032010	▲医用磁共振设备	
A032011	▲医用 X 线设备	
A032012	医用 X 线附属设备及部件	
A032013	▲医用高能射线设备	
A032014	▲核医学设备	
A032015	医用射线防护材料和设备	
A032016	医用射线监检测设备及用具	
A032017	临床检验设备	
A032018	药房设备及器具	
A032019	体外循环设备	
A032020	人工脏器及功能辅助装置	
A032021	假肢装置及材料	
A032022	手术急救设备及器具	
A032023	口腔科设备及技工室器具	
A032024	病房护理及医院通用设备	
A032025	消毒灭菌设备及器具	
A032026	医用低温、冷疗设备	
A032027	防疫、防护卫生装备及器具	
A032028	助残器具	
A032029	骨科材料	
A032030	介入诊断和治疗用材料	
A032031	兽医设备	

（续上表）

品目编码	品目名称	备注
A032099	其他医疗设备	
A0322	安全生产设备	
A0323	邮政专用设备	
A0324	环境污染防治设备	
A032401	▲大气污染防治设备	
A032402	▲水质污染防治设备	
A032403	▲固体废弃物处理设备	
A032404	▲噪声控制设备	
A032405	▲环保监测设备	
A032408	▲核与辐射安全设备	
A032499	其他环境污染防治设备	
A0325	政法、检测专用设备	
A032501	▲消防设备	
A032502	▲交通管理设备	
A032503	▲物证检验鉴定设备	
A032504	▲安全、检查、监视、报警设备	
A032505	▲爆炸物处置设备	
A032506	▲技术侦察取证设备	
A032507	▲警械设备	
A032508	▲非杀伤性武器	
A032509	▲防护防暴装备	
A032510	▲出入境设备	
A032511	▲网络监察设备	
A032599	其他政法、检测专用设备	

（续上表）

品目编码	品目名称	备注
A0329	殡葬设备及用品	
A0330	铁路运输设备	
A0331	水上交通运输设备	
A0332	航空器及其配套设备	
A0333	海洋仪器设备	
A033301	▲海洋水文气象仪器设备	
A033302	▲海洋地质地球物理仪器设备	
A033303	▲海洋生物仪器设备	
A033304	▲海洋化学仪器设备	
A033305	▲海洋声光仪器设备	
A033306	▲海洋船用船载仪器设备	
A033307	海洋综合观测平台	
A033309	▲海洋计量检测设备	
A033310	▲海水淡化与综合利用设备	
A033399	其他海洋类仪器设备	
A0334	专用仪器仪表	
A033401	▲农林牧渔专用仪器	
A033402	▲地质勘探、钻采及人工地震仪器	
A033403	▲地震专用仪器	
A033404	▲安全用仪器	
A033405	▲大坝观测仪器	
A033406	▲电站热工仪表	
A033407	▲电力数字仪表	
A033408	▲气象仪器	

（续上表）

品目编码	品目名称	备注
A033409	▲水文仪器设备	
A033410	▲测绘专用仪器	
A033411	▲天文仪器	
A033412	▲教学专用仪器	
A033499	其他专用仪器仪表	
A0335	文艺设备	
A033501	▲乐器	
A033503	▲舞台设备	
A033599	其他文艺设备	
A0336	▲体育设备	
A0337	娱乐设备	
A033705	▲彩票销售设备	
A033799	其他娱乐设备	
A04	文物和陈列品	
A0401	文物	
A0402	陈列品	
A040201	标本	
A040202	模型	
A05	图书和档案	
A0501	图书	
A050101	▲普通图书	
A050103	▲电子图书	
A0503	档案	
A0599	其他图书、档案	
A06	★家具用具	

（续上表）

品目编码	品目名称	备注
A0609	办公家具	
A0699	其他家具用具	
A07	纺织原料、毛皮、被服装具	
A0701	纺织用料	
A0702	皮革、毛皮等用料	
A0703	被服装具	
A07030101	▲制服	
A070399	其他被服装具	
A09	办公消耗用品及类似物品	
A090101	★复印纸	指打印复印设备用纸
A0902	★硒鼓、粉盒	指鼓粉盒、粉盒、喷墨盒、墨水盒、色带
A0999	其他办公消耗用品及类似物品	
A10	建筑建材	
A11	医药品	
A110215	▲避孕药物用具	
A110503	▲兽用疫苗	
A110703	▲人用疫苗	
A1199	其他医药品	
A12	农林牧渔业产品	
A1501	农副食品，动、植物油制品	
A17	基础化学品及相关产品	
A1701	化学原料及化学制品	
A1702	化学纤维	
A99	其他货物	

（续上表）

品目编码	品目名称	备注
B	工程类	
B01	建筑物施工	
B02	构筑物施工	
B0204	高速公路工程施工	
B0205	城市道路工程施工	
B0206	城市轨道交通工程施工	
B0207	桥梁工程施工	
B0208	隧道工程施工	
B0209	水利工程施工	
B0210	水运工程施工	
B0211	海洋工程施工	
B0213	市内管道、电缆及其有关工程铺设	
B0215	公共设施工	
B0216	环保工程施工	
B0299	其他构筑物工程施工	
B03	工程准备	
B0303	拆除工程	
B0399	其他工程准备	
B06	建筑安装工程	
B07	★装修工程	
B08	★修缮工程	
B99	其他建筑工程	
C	服务类	
C01	科学研究和试验开发	

（续上表）

品目编码	品目名称	备注
C02	信息技术服务	
C0201	软件开发服务	
C0202	信息系统集成实施服务	
C0203	数据处理服务	
C0204	信息化工程监理服务	
C0206	运行维护服务	
C0208	信息技术咨询服务	
C03	电信和其他信息传输服务	
C0301	电信服务	
C0302	互联网信息服务	
C0303	卫星传输服务	
C04	租赁服务（不带操作员）	
C0401	计算机设备和软件租赁服务	
C0402	办公设备租赁服务	
C0403	车辆及其他运输机械租赁服务	
C0499	其他租赁服务	
C05	维修和保养服务	
C0501	★计算机设备维修和保养服务	
C0502	★办公设备维修和保养服务	
C0503	车辆维修和保养服务	
C0507	★空调、电梯维修和保养服务	
C0599	其他维修和保养服务	
C06	会议和展览服务	
C0601	会议服务	
C0602	展览服务	

（续上表）

品目编码	品目名称	备注
C08	商务服务	
C0801	★法律服务	
C0802	会计服务	
C0803	★审计服务	
C0804	税务服务	
C0805	★资产及其他评估服务	
C0806	广告服务	
C0808	社会与管理咨询服务	
C0814	印刷和出版服务	
C081401	★印刷服务	指单证、票据、文件、公文用纸、资料汇编、信封等印刷业务
C081402	出版服务	
C0817	采购代理服务	
C0819	邮政与速递服务	
C0899	其他商务服务	
C09	专业技术服务	
C0901	技术测试和分析服务	
C0902	地震服务	
C0903	气象服务	
C0904	测绘服务	
C0905	海洋服务	
C0906	地质勘测服务	
C0907	合同能源管理服务	
C0908	其他专业技术服务	
C10	工程咨询管理服务	
C1001	设计前咨询服务	

（续上表）

品目编码	品目名称	备注
C1002	工程勘探服务	
C1003	工程设计服务	
C1004	装修设计服务	
C1005	工程项目管理服务	
C1006	工程监理服务	
C1007	工程总承包服务	
C1008	工程造价咨询服务	
C1099	其他工程咨询管理服务	
C11	水利管理服务	包括防洪、水资源管理服务等
C12	房地产服务	
C1202	房屋租赁服务	
C1204	★物业管理服务	指用于机关办公场所水电供应、设备运行、建筑物门窗保养维护、保洁、保安、绿化养护等项目
C13	公共设施管理服务	
C1301	城市规划和设计服务	
C1302	市政公共设施管理服务	
C1303	园林绿化管理服务	
C1304	城市市容管理服务	
C1305	游览景区服务	
C1399	其他市政公共设施管理服务	
C15	金融服务	
C1501	银行服务	
C1502	信用担保服务	
C1503	证券服务	
C1504	保险服务	

（续上表）

品目编码	品目名称	备注
C1599	其他金融服务	
C16	环境服务	
C1601	城镇公共卫生服务	
C1602	水污染治理服务	
C1603	空气污染治理服务	
C1604	噪声污染治理服务	
C1605	危险废物治理服务	
C1606	其他无害固体废物处理服务	
C1699	其他环境服务	
C17	交通运输和仓储服务	
C18	教育服务	
C1801	学前教育服务	
C1802	初等教育服务	
C1803	中等教育服务	
C1804	高等教育服务	
C1805	成人教育服务	
C1806	专业技能培训服务	
C1807	特殊教育服务	
C1899	其他教育服务	
C19	医疗卫生和社会服务	
C1901	医疗卫生服务	
C1902	社会服务	
C20	文化、体育、娱乐服务	
C2002	广播、电视、电影和音像服务	
C2003	文化艺术服务	

（续上表）

品目编码	品目名称	备注
C2004	体育服务	
C21	农林牧副渔服务	
C2101	农业服务	
C2102	林业服务	
C2103	畜牧业服务	
C2104	渔业服务	
C2199	其他农林牧副渔服务	
C99	其他服务	

注：1. 本表根据财政部《政府采购品目分类目录》（财库〔2013〕189号）制定，用于执行"2017年采购目录"作参考解释。除中山市另有补充说明外，各品目的具体内容按照《政府采购品目分类目录》（财库〔2013〕189号）的对应内容解释确定。

2. "★"为集中采购机构采购项目品目；"▲"为部门集中采购项目品目。

关于印发《中山市 2020 年集中采购机构项目实施方案》的通知

中财采购〔2020〕2 号

各有关单位，火炬区财政局、翠亨新区财政金融局，各镇区财政分局：

为贯彻落实《中华人民共和国政府采购法》及实施条例，深化政府采购制度改革，进一步落实政府采购"放管服"改革要求，提高采购效率，规范我市集中采购机构采购项目的采购活动，根据《广东省财政厅关于调整广东省政府采购公开招标数额标准的通知》（粤财采购〔2020〕2 号）、《广东省财政厅关于印发〈省级集中采购机构采购项目实施规范〉的通知》（粤财采购〔2020〕1 号）、《中山市人民政府办公室关于印发中山市 2017 年政府集中采购目录及采购限额标准的通知》（中府办〔2016〕63 号）和《关于调整中山市政府采购限额标准的通知》（中财采购〔2017〕16 号）规定，我局制定了《中山市 2020 年集中采购机构项目实施方案》，现印发你们，请遵照执行。

中山市财政局

2020 年 1 月 21 日

中山市 2020 年集中采购机构项目实施方案

一、品目执行分类

（一）台式计算机、便携式计算机、空调机

同一预算项目同一品目单次采购金额未达到 200 万元，且年度累计资金数额未达到公开招标数额标准的，采购人可以自行选择批量集中采购、网上竞价、电商直购或自主采购执行模式。单次采购金额达到 200 万元且 400 万元以下的，采购人应当采用批量集中采购执行模式采购。单次采购金额达到公开招标数额标准的，采购人可选择批量集中采购或委托集中采购机构实施采购。

（二）服务器、交换设备、喷墨打印机、激光打印机、针式打印机、液晶显示器、扫描仪、复印机、投影仪、多功能一体机、通用照相机、速印机、碎纸机、电冰箱、普通电视设备（电视机）、通用摄像机

同一预算项目同一品目单次采购金额未达到 200 万元，且年度累计资金数额未达到公开招标数额标准的，采购人可以自行选择网上竞价、电商直购或自主采购执行模式。

（三）复印纸、硒鼓粉盒

同一预算项目同一品目单次采购金额未达到 200 万元，且年度累计资金数额未达到公开招标数额标准的，采购人可以自行选择电商直购或自主采购执行模式。

（四）视频会议系统设备

同一预算项目同一品目单次采购金额未达到 200 万元，且年度累计资金数额未达到公开招标数额标准的，采购人可以自行选择电商直购、定点采购或自主采购执行模式。

（五）乘用车（轿车）、客车、电梯、办公家具、计算机设备维修保养服务、办公设备维修保养服务、空调维修保养服务、电梯维修保养服务、法律服务、审计服务、资产及其他评估服务、印刷服务、物业管理服务

同一预算项目同一品目单次采购金额未达到 200 万元，且年度累计资金数额未

达到公开招标数额标准的，采购人可以自行选择定点采购或自主采购执行模式。

（六）装修工程、修缮工程

同一预算项目同一品目单次采购金额未达到招标规模标准（400 万元）的，采购人可以自行选择定点采购或自主采购执行模式。

二、自主采购适用情形及管理要求

本方案所称自主采购，是指采购人通过广东省电子化采购执行平台（以下简称执行平台）以外的其他渠道实施的采购活动。

（一）适用情形

1. 批量集中采购、网上竞价、定点竞价失败或采购人通过网上商城发布商品需求后规定时间内无电商响应的采购项目。

2. 电商报价或定点议价报价高于执行平台以外的其他渠道采购价格的货物类采购项目。

（二）管理要求

1. 采购人实行自主采购的，应当执行政府采购政策，并按政府采购相关规定进行采购计划备案、合同备案和信息公开。

2. 对上述适用情形 1 的采购项目，采购人进行计划备案时需关联项目的失败公告或上传网上商城无电商响应的截图等证明材料。对上述适用情形 2 的采购项目，采购人进行计划备案时需上传比价证明材料。

3. 采购人应加强自主采购的内控管理，确保采购活动全流程留痕、可追溯备查。

三、有关要求

（一）采购人要加强内部控制管理，切实履行采购主体责任

1. 根据《政府采购法实施条例》第二十八条规定，在一个财政年度内，同一预算项目同一品目或者类别的货物、服务累计资金数额超过公开招标数额标准的，采购人不得以化整为零方式规避公开招标方式，在执行平台多次进行采购。

2. 采购人应切实履行主体责任，梳理和评估本单位政府采购执行中的风险，明确标准化工作要求和防控措施，完善内部控制管理制度，建立内部控制体系。

3. 采购人应依法组织履约验收工作，建立健全验收制度，严格落实履约验收责任，对采购结果负责。

4. 采购人应当严格依法开展采购活动，在采购活动开始前备案采购实施计划，

在法定期限内签订合同并备案公开。

5. 采购人无故拒绝、拖延签订合同或支付资金的，向成交供应商提出超出合同约定范围要求的，由财政部门视情况予以约谈、通报、责令整改、行政处罚。

（二）市政府采购中心要依法履行职责，强化主责主业

1. 接受采购人委托，代理集中采购机构采购项目。落实"放管服"改革要求，合理设置供应商资格条件和评审要素，不得设置规模、行业、地域门槛条件。

2. 负责组织实施网上竞价活动，对参与网上竞价采购活动的交易、合同履约等行为协助财政部门进行监督管理。

（三）市级主管预算单位要切实发挥监督指导作用

各市级主管预算单位要加强对集中采购机构采购项目组织实施工作的日常管理和业务指导，督促本部门及所属预算单位严格执行政府采购有关规定。

四、其他

（一）国家和省对信息类产品的采购另有规定的，从其规定。

（二）本方案中"以下"不含本数。

（三）广东省政府采购网中山分网为：http://zhongshan.gdgpo.com。

执行过程中如遇问题，请联系省政府采购中心（电话：020-62791672、020-62791666）；网上竞价项目如遇问题，请联系市政府采购中心（电话：0760-89817327）；遇到系统技术问题的，请联系开发公司（电话：4009655696、18620773570）。

附件：

1.《集中采购机构采购项目电子化采购执行分类表》

2.《中山市批量集中采购执行程序》

3.《中山市网上竞价执行程序》

4.《中山市电商直购执行程序》

5.《中山市定点采购执行程序》

附件 1

集中采购机构采购项目电子化采购执行分类表

品目	执行模式	预算金额标准
台式计算机、便携式计算机、空调机	批量集中采购 网上竞价 电商直购 自主采购	
服务器、交换设备、喷墨打印机、激光打印机、针式打印机、液晶显示器、扫描仪、复印机、投影仪、多功能一体机、通用照相机、速印机、碎纸机、电冰箱、普通电视设备（电视机）、通用摄像机	网上竞价 电商直购 自主采购	
复印纸、硒鼓粉盒	电商直购 自主采购	同一预算项目同一品目单次采购金额 200 万元以下
视频会议系统设备	电商直购 定点采购 自主采购	
乘用车（轿车）、客车、电梯、办公家具、计算机设备维修保养服务、办公设备维修保养服务、空调维修保养服务、电梯维修保养服务、法律服务、审计服务、资产及其他评估服务、印刷服务、物业管理服务	定点采购 自主采购	
装修工程、修缮工程		同一品目采购项目预算金额在招标规模标准（现为 400 万元）以下

注：本表中"以下"不含本数。

附件 2

中山市批量集中采购执行程序

一、实施周期

批量集中采购每月组织 1 期，每月批量集中采购计划备案截止时间为当月 5 日。每月 6 日至下个月 5 日前，采购人可以进行下一期批量集中采购计划备案。每月批量集中采购的评审时间为当月 20 日。上述时间遇节假日顺延。

当期批量集中采购失败的，由省政府采购中心发布失败公告。采购人可选择采用网上竞价、电商直购或自主采购执行模式实施采购；也可选择申报下一期批量集中采购。

二、采购程序

（一）采购计划备案。采购人应于每月 5 日前，通过广东省政府采购网的计划管理系统，按照批量集中采购配置标准编制备案批量集中采购计划。备案时间截止后，批量集中采购计划不予调整修改。

备案时间截止后，当期批量集中采购计划中单一配置采购计划归集达到 200 万元的，由集中采购机构组织实施批量集中采购；单一配置采购计划归集后不足 200 万元的，不纳入批量集中采购实施，采购人可收回采购计划，选择网上竞价或电商直购等采购模式实施采购，也可以选择申报下一期的批量集中采购。

（二）采购活动组织实施。省政府采购中心应在备案时间截止后 3 个工作日内汇总批量集中采购计划，根据项目实际采用公开招标、竞争性磋商、询价等采购方式组织实施采购活动。

采购活动中如投标（报价）供应商或实质性响应采购文件的投标（报价）供应商不足法定 3 家的，可参照《广东省实施〈中华人民共和国政府采购法〉办法》第四十一条、第四十二条的规定继续组织实施，无须报财政部门批复。

（三）采购结果确认和发布。采购活动组织实施结束后，省政府采购中心应在

3个工作日内在广东省电子化采购执行平台（以下简称执行平台）发布当期批量集中采购项目中标（成交）公告，同时将中标（成交）信息录入执行平台的批量集中采购履约管理系统（以下简称履约系统）。

（四）合同订立。采购人应在中标（成交）信息录入后3个工作日内，按照当期批量集中采购确定的品牌、型号、技术服务参数、价格、数量、交货期限等事项，通过履约系统确认合同，并完成合同备案和公开。

（五）履约验收。中标（成交）供应商应按政府采购合同约定履约，采购人应按政府采购合同组织验收，并在履约系统中确认收货和验收。

（六）资金支付。采购人应自确认验收之日起5个工作日内，按照有关规定办理资金支付手续并在履约系统中确认支付。

（七）评价反馈。采购人和中标（成交）供应商应通过履约系统相互评价，反馈履约过程中出现的问题。省政府采购中心负责收集整理相关信息记录并协调处理。

三、其他

批量集中采购的政策文件、操作指引、采购交易信息等可在执行平台查看。

附件 3

中山市网上竞价执行程序

一、采购程序

采购人应通过广东省政府采购网的计划管理系统编制采购计划，并将采购计划推送至广东省电子化采购执行平台（以下简称执行平台）的网上竞价系统实施。具体程序如下：

（一）确定采购需求。采购人应按网上竞价系统中的采购需求模板确定采购需求。同一采购计划应作为一个竞价项目一次性执行。采购人可在网上竞价系统的竞价商品库通过筛选条件方式辅助查询可以满足需求的参考商品。

采购人确定的采购需求必须合规、完整、明确，不得指定品牌型号、设置排他性或倾向性的专有技术指标等内容，不得提出与竞价项目的具体特点和实际需要不相适应或者与合同履行无关的资格和商务条件。采购人对采购需求的完整性及合规性负责。

采购人确定的采购需求存在违反政府采购法律法规或其他不当内容的，市政府采购中心应及时提出修改意见并退回，采购人应作出修改后重新提交采购需求。

（二）发布竞价公告。采购人提交竞价项目后，市政府采购中心应在 1 个工作日内在执行平台发布竞价公告。竞价公告包括技术服务指标、采购数量、预算金额、交货期限、交货地点、联系方式等信息。竞价公告期间，采购人因故取消采购任务或修改采购需求的，应及时中止竞价，由市政府采购中心发布竞价中止公告。竞价公告期届满后，不得中止竞价。

在竞价公告期间，供应商提出竞价项目存在违反政府采购法律法规或其他不当内容的，市政府采购中心应及时与采购人核实确认，确需修改的，采购人应及时中止竞价并修改采购需求后重新提交。

（三）供应商报价。供应商应根据竞价公告要求，在满足竞价需求的前提下，在规定时间内一次报出不得更改的价格。供应商应对报价响应内容的真实性承担法律责任。

（四）采购结果确认。报价时间截止后，按照竞价规则对参加报价的供应商进行自动排序，并向采购人推送成交信息。成交信息包括品牌、型号、技术服务指标响应情况、价格等内容。采购人应在 3 个工作日内根据成交信息确认采购结果。

（五）发布竞价结果公告。采购人确认采购结果后，市政府采购中心应在 1 个工作日内在执行平台发布竞价成交公告。竞价成交公告包括成交供应商和未成交供应商的品牌、型号、技术服务指标、价格、数量等内容。竞价失败的，市政府采购中心应在 1 个工作日内发布竞价失败公告。

（六）合同订立。采购人应在竞价成交公告发布之日起 3 个工作日内，按照竞价成交公告确定的品牌、型号、技术服务指标、价格、数量、交货期限等事项，通过网上竞价系统确认合同，并完成合同备案和公开。

（七）履约验收。成交供应商应按照报价响应和采购合同履约。采购人应按照采购合同约定组织验收工作。

（八）资金支付。采购人应在完成验收后 5 个工作日内按照有关规定办理资金支付手续。

（九）评价反馈。采购人和成交供应商应通过网上竞价系统相互评价，反馈履约过程中出现的问题。

二、网上竞价规则

（一）竞价公告时间为 3 个工作日，报价时间为 3 个小时。

（二）竞价按照满足竞价需求且报价最低的原则确定成交供应商。报价时间截止后，系统按以下原则确定成交候选人排序：

1. 报价不同的，报价最低的排序第一；

2. 报价相同的，报价时间最早的排序第一；

3. 报价相同且报价时间相同的，系统随机确定。

（三）满足竞价需求的品牌不足 3 个的，竞价失败。

三、有关要求

市政府采购中心应依法履行职责，依法组织实施网上竞价采购活动，加强对成交供应商的合同履约管理，对参与网上竞价采购活动的交易、合同履约等行为协助财政部门进行监督管理。

四、其他

（一）各镇区统一使用网上竞价系统，镇区财政部门应依法履行对本地区采购人开展网上竞价活动的监督管理职责。

（二）网上竞价的政策文件、操作指引、采购交易信息等可在执行平台查看。

附件 4

中山市电商直购执行程序

一、采购程序

采购人应通过广东省政府采购网的计划管理系统编制采购计划，并将采购计划推送至广东省电子化采购执行平台（以下简称执行平台）的网上商城系统实施。具体程序如下：

（一）电子下单。采购人在网上商城选择商品后进行下单。同一采购计划作为一个电商直购项目应一次性执行，不得分拆。同一采购计划应在同一电商进行下单。

如网上商城无满足需求的商品，采购人可在网上商城发布商品需求信息或直接与电商联系洽谈，待电商在网上商城系统承诺响应并上架商品后再进行下单。自采购人发布商品需求之日起，电商能够满足采购需求的，应在 5 个工作日内作出承诺响应并上架商品。

采购人发布商品需求应为电商直购模式适用范围的品目，且符合节能环保等政府采购政策要求。

（二）合同订立。采购人和电商应按照电子订单确定的品牌、型号、价格、数量、交货期限等事项通过网上商城系统确认合同，并完成合同备案和公开。

（三）履约验收。电商应按照采购合同履约。采购人应按照采购合同约定组织验收工作。

（四）资金支付。采购人应在完成验收后 5 个工作日内按照有关规定办理资金支付手续。

（五）评价反馈。采购人和电商应通过网上商城系统相互评价，反馈履约过程中出现的问题。

二、有关要求

（一）采购人应依法履行采购主体责任，加强对电商直购活动各环节的内控管理。

（二）采购人无故拒绝、拖延签订合同或支付资金的，向电商提出超出合同约定范围要求的，由财政部门视情况予以约谈、通报、责令整改、行政处罚。

三、其他

（一）各镇区统一使用网上商城系统，镇区财政部门应依法履行对本地区采购人开展电商直购活动的监督管理职责。

（二）电商直购的政策文件、操作指引、采购交易信息等可在执行平台查看。

附件 5

中山市定点采购执行程序

一、采购程序

采购人应通过广东省政府采购网的计划管理系统编制采购计划，并将采购计划推送至广东省电子化采购执行平台（以下简称执行平台）的定点采购系统实施。具体程序如下：

（一）确定采购需求。采购人应按定点采购系统中的采购需求模板确定采购需求。采购需求应合规、完整、明确，不得提出与定点采购项目的具体特点和实际需要不相适应或与合同履行无关的资格和商务条件。工程类项目原则上应明确具体的工程量清单。采购人对采购需求的完整性及合规性负责。

（二）发出议价或竞价邀请。

1. 议价方式。采购人通过定点采购供应商库直接选择 1 家定点供应商后，发出议价邀请。

2. 竞价方式。采购人可自行决定采用自行选择、系统随机选择、自行选择＋系统随机选择 3 种方式，通过定点采购供应商库选择不少于 3 家定点供应商后，发出竞价邀请。

（三）确定成交供应商。

1. 议价方式。发出议价邀请后，定点供应商在规定时间内报价响应的，采购人可根据报价响应情况确定成交供应商。

2. 竞价方式。发出竞价邀请后，定点供应商应在满足竞价需求的前提下，在规定时间内一次报出不得更改的价格。报价结束后，采购人按照满足采购需求且报价最低的原则确定成交供应商；报价相同的，报价时间最早的排序第一；报价及报价时间相同的，系统随机确定。满足竞价需求的供应商不足 3 家的，竞价失败。

（四）发布结果公告。确定成交供应商后，省政府采购中心应在 1 个工作日内在执行平台发布定点竞价成交公告。竞价失败的，省政府采购中心应在 1 个工作日内发布竞价失败公告。

（五）合同订立。采购人和成交供应商应在 3 个工作日内通过定点采购系统确认合同，并完成合同备案和公开。

（六）履约验收。成交供应商应按照采购合同履约。采购人应按照采购合同约定组织验收。

（七）资金支付。采购人应在完成验收后 5 个工作日内，按照有关规定办理资金支付手续。

（八）评价反馈。采购人和成交供应商应通过定点采购系统相互评价，反馈履约过程中出现的问题。

二、有关要求

（一）采购人应依法履行采购主体责任，加强对定点采购活动各环节的内控管理。

（二）采购人无故拒绝、拖延签订合同或支付资金的，向电商提出超出合同约定范围要求的，由财政部门视情况予以约谈、通报、责令整改、行政处罚。

三、其他

（一）各镇区统一使用定点采购系统，镇区财政部门应依法履行对本地区采购人开展定点采购活动的监督管理职责。

（二）定点采购的政策文件、操作指引、采购交易信息等可在执行平台查看。

中山市财政局关于落实政府采购采购人主体责任的通知

中财采购函〔2020〕10号

市直各单位，火炬开发区财政局、翠亨新区财金局，各镇（区）财政分局：

为进一步规范采购人在政府采购活动中的行为，强化采购人的职责和义务，落实采购人主体责任，明晰权责归属，规范权力运行，提升政府采购工作质量和效率，构建规范透明、公平竞争、监督到位、严格问效追责的政府采购工作机制。根据《中华人民共和国政府采购法》（下称《政府采购法》）、《中华人民共和国政府采购法实施条例》（下称《实施条例》）以及政府采购相关法律法规，现就采购人进一步落实主体责任有关事项通知如下：

一、建立内控机制，加强部门管理

（一）采购人应加强政府采购业务管理，以"分事行权、分岗设权、分级授权"为主线，结合本单位实际，建立本单位政府采购内部控制管理制度，明确本单位在政府采购工作中的职责与分工，合理设置政府采购业务岗位，采购需求制定与内部审核、采购文件编制与复核、采购文件编制和质疑答复、合同签订与验收等岗位原则上应当分开设置，由2人以上共同办理，相互完善、相互补充、相互监督。〔法律法规依据：《财政部关于进一步加强政府采购需求和履约验收管理的指导意见》（财库〔2016〕205号）〕

（二）发挥预算单位主管部门的管理职能。市级主管预算单位应当明确与所属预算单位在政府采购管理、执行等方面的职责范围和权限划分，细化业务流程和工作要求，加强对所属预算单位的采购执行管理，强化对政府采购政策落实的指导。

二、严格编制政府采购项目预算，报备政府采购计划

（一）采购人应当在编制年度部门预算时一并编制政府采购项目预算，严禁"无预算采购"或"超预算采购"，严禁以化整为零方式规避政府采购，采购标的应符合采购人的实际需求、资产配置及费用定额标准等的规定。（法律法规依据：《政府采购法》第六条、第三十三条）

（二）在政府采购项目预算批复下达后，采购人应当根据集中采购目录、采购限额标准和已批复的部门预算编制政府采购实施计划，报本级人民政府财政部门备案。（法律法规依据：《实施条例》第二十九条）

三、规范编制采购需求，依法开展采购活动

（一）采购人应当对采购标的的市场技术或者服务水平、供应、价格等情况进行市场调查，根据调查情况、资产配置标准等科学、合理地确定采购需求，进行价格测算。采购需求应当合规、完整、明确，描述应当清晰明了、规范表述、含义准确，能够客观指标量化的应当量化，并符合国家法律法规规定，执行国家相关标准、行业标准、地方标准等标准规范，落实政府采购支持节能环保、促进中小企业发展和残疾人就业、支持监狱企业发展等政策要求，不得以不合理的条件对供应商实行差别待遇或者歧视待遇，不得设置政府采购法律法规禁止性条款。（法律法规依据：《实施条例》第十五条、第二十条；《政府采购货物和服务招标投标管理办法》第十条、第十一条、第十二条、第十七条、第五十五条）

（二）政府向社会公众提供的公共服务项目，应当就确定采购需求征求社会公众的意见。除因技术复杂或者性质特殊，不能确定详细规格或者具体要求外，采购需求应当完整、明确。必要时，应当就确定采购需求征求相关供应商、专家的意见。（法律法规依据：《实施条例》第十五条）

（三）采购人负责组织确定本单位采购项目的采购需求。采购人委托采购代理机构编制采购需求的，应当在采购活动开始前对采购需求进行书面确认。〔法律法规依据：《财政部关于进一步加强政府采购需求和履约验收管理的指导意见》（财库〔2016〕205号）第二点〕

四、明确委托代理协议相关责任义务

委托采购代理机构办理采购事宜的，应当明确代理采购的范围、权限和期限等具体事项。采购活动中对投标供应商资格性审查和履约验收的责任主体都应在委托代理协议中明确（采购人负责、采购代理机构负责、采购人和代理机构共同负责）；但法律法规明确由采购人承担的法律责任，不因采购人将相关事项委托出去而转移。（法律法规依据：《政府采购法》第十八条、第十九条）

五、审核确认采购文件等采购文书

采购人应对代理机构编写的采购文件（包括各类采购公告、招标文件、竞争性谈判文件、竞争性磋商文件、询价通知书、修改或澄清公告等）进行审核，以书面形式反馈确认，并对采购文件中存在的违法违规情节依法承担相应责任。同时根据项目特点，依法贯彻落实政府采购政策功能，支持小微企业、残疾人企业、监狱企业发展，支持绿色、节能、环保产品等。

六、严格遵守评审工作纪律

采购人委派代表参加评审委员会的，要向采购代理机构出具授权函。采购人代表不得担任评审委员会组长，采购人代表和评审工作有关人员不得干预或者影响正常评审工作，不得明示或暗示其倾向性、引导性意见，不得向外界泄露评审情况。在采购活动中，作为评标委员会成员的采购人代表不得参加开标活动，除采购人代表、评标现场组织人员、评审专家外，与评标无关人员不得进入评标现场。评标委员会由采购人代表和评审专家组成的，评审专家对本单位的采购项目只能作为采购人代表参与评标，评审专家以外的其他人员不得领取评审劳务报酬。〔法律法规依据：《实施条例》第四十二条；《政府采购货物和服务招标投标管理办法》第四十条、第四十五条；《政府采购评审专家管理办法》（财库〔2016〕198号）第二十六条〕

七、确认中标（成交）结果并按时签订政府采购合同

（一）采购人应当自收到评标报告之日起5个工作日内在评标报告确定的中标候选人名单中按顺序确定中标人。采购人在收到评标报告5个工作日内未按评标报告推荐的中标候选人顺序确定中标人，又不能说明合法理由的，视为同按评标报告推荐的顺序确定排名第一的中标候选人为中标人。（法律法规依据：《实施条例》第

四十三条；《政府采购货物和服务招标投标管理办法》第六十八条）

（二）自中标通知书发出 30 日内，按照招标文件和中标人投标文件的规定，与中标人签订书面合同；并在政府采购合同签订之日起 2 个工作日内，将政府采购合同在省级以上人民政府财政部门指定的媒体上公告，但政府采购合同中涉及国家秘密、商业秘密的内容除外。（法律法规依据：《政府采购法》第四十六条；《实施条例》第五十条；《政府采购货物和服务招标投标管理办法》第七十一条）

（三）采购人与中标人应当根据合同的约定依法履行合同义务。政府采购合同的履行、违约责任和解决争议的方法等适用《中华人民共和国合同法》。（法律法规依据：《政府采购货物和服务招标投标管理办法》第七十三条）

八、组织履约验收并按合同约定付款

（一）采购人应及时组织政府采购项目的履约验收。采购文件及政府采购合同中应明确履约验收的时间、方法、内容及标准等。采购人应当按照政府采购合同规定的技术、服务、安全标准组织对供应商履约情况进行验收，并出具验收书。验收书应当包括每一项技术、服务、安全标准的履约情况。大型或者复杂的政府采购项目，应当邀请国家认可的质量检测机构参加验收工作。验收方成员应当在验收书上签字，并承担相应的法律责任。（法律法规依据：《政府采购法》第四十一条；《实施条例》第四十五条）

（二）采购人可以邀请参加本项目的其他投标人或者第三方机构参与验收。参与验收的投标人或者第三方机构的意见作为验收书的参考资料一并存档。（法律法规依据：《政府采购货物和服务招标投标管理办法》第七十四条）

（三）政府向社会公众提供的公共服务项目，验收时应当邀请服务对象参与并出具意见，验收结果应当向社会公告。（法律法规依据：《实施条例》第四十五条）

（四）采购人应当加强对中标人的履约管理，并按照采购合同约定，及时向中标人支付采购资金。对于中标人违反采购合同约定的行为，采购人应当及时处理，依法追究其违约责任。（法律法规依据：《政府采购货物和服务招标投标管理办法》第七十五条）

九、依法对供应商提出的询问或质疑进行答复

（一）采购人应当在 3 个工作日内对供应商依法提出的询问作出答复。（法律法规依据：《实施条例》第五十二条）

（二）采购人应当在收到供应商的书面质疑后 7 个工作日内作出答复，并以书

面形式通知质疑供应商和其他有关供应商，但答复的内容不得涉及商业秘密。（法律法规依据：《政府采购法》第五十三条；《政府采购质疑和投诉办法》第十三条）

（三）询问或者质疑事项可能影响中标、成交结果的，采购人应当暂停签订合同，已经签订合同的，应当中止履行合同。（法律法规依据：《实施条例》第五十四条）

（四）质疑答复导致中标、成交结果改变的，采购人或者采购代理机构应当将有关情况书面报告本级财政部门。（法律法规依据：《政府采购质疑和投诉办法》第十六条）

十、配合财政部门开展投诉处理或监督检查调查

财政部门依法开展投诉调查或实施监督检查时，以书面审查为主。采购人应根据财政部门要求给予积极配合，协助做好调查取证工作，并对提供资料的真实性、完整性负责。

十一、健全政府采购项目档案管理

采购人按照《政府采购法》规定做好政府采购项目档案的保管工作，对政府采购项目的采购文件应当妥善保存，不得伪造、变造、隐匿或者销毁，采购文件的保存期限从采购结束之日起至少保存十五年。

十二、依法承担《政府采购法》及相关法律法规的法律责任

采购人在政府采购活动中，要认真执行《政府采购法》《实施条例》及相关法律法规，严格按照法律法规要求和法定程序实施采购活动，如有违反，依法承担法律责任。

本通知自 2020 年 6 月 1 日起实施。

中山市财政局

2020 年 5 月 25 日

关于印发《中山市卫生健康系统政府采购三年专项行动工作方案》的通知

中山卫健〔2020〕89号

各直属单位，各镇街卫生健康分局：

为全面做好规范和加强政府采购管理三年专项行动工作，根据《国家卫生健康委关于进一步规范和加强政府采购管理工作的通知》（国卫财务函〔2020〕250号）、《国家卫生健康委办公厅关于全面落实规范和加强政府采购管理三年专项行动工作的通知》（国卫办财务函〔2020〕633号）、《广东省卫生健康系统政府采购三年专项行动工作方案》（粤卫办财务函〔2020〕26号）有关精神，现将《中山市卫生健康系统政府采购三年专项行动工作方案》印发给你们，请认真做好组织实施工作。

中山市卫生健康局

2020年9月29日

中山市卫生健康系统政府采购三年专项行动工作方案

为贯彻落实《国家卫生健康委关于进一步规范和加强政府采购管理工作的通知》（国卫财务函〔2020〕250号）、《国家卫生健康委办公厅关于全面落实规范和加强政府采购管理三年专项行动工作的通知》（国卫办财务函〔2020〕633号）、《广东省卫生健康系统政府采购三年专项行动工作方案》等有关要求，全面做好规范和加强政府采购管理三年专项行动（以下简称专项行动），根据《中华人民共和国政府采购法》《中华人民共和国政府采购法实施条例》《广东省实施〈中华人民共和国政府采购法〉办法》等有关规定，结合我市卫生健康系统政府采购工作实际，现制定此方案。

一、总体目标

坚持以目标和问题为导向，针对采购工作中暴露出来的问题、短板和不足，通过进一步完善监管措施，落实依法采购，建章立制、强化内控、补短板、堵漏洞、强弱项，构建完善的监管体系，确保采购工作不出现违法违规违纪问题，特别是不出现系统性风险问题、重大违法违规违纪问题，在全行业实现"横向到边、纵向到底、上下联动、齐抓共管"采购工作监管机制体系，全面优化营商环境和提升便利化水平，形成决策科学、依法采购、规范有序、公开透明、严格监管的长效机制。

二、年度目标

（一）全面自查自纠。2020年底之前，结合公立医疗机构经济管理年活动，各直属单位、各镇街卫健分局、各公立医疗卫生机构要强化政府采购监管主体责任，推动全市卫生健康系统全面完成自查自纠，及时发现问题、短板、不足，立行立改。

（二）推进建章立制。2021 年底之前，以目标和问题为导向，各级卫生健康主管部门完成建章立制、强化内控、补短板、堵漏洞、强弱项工作，全面构建完善的采购监管体系。

（三）形成长效机制。2022 年底之前，在全市卫生健康行业实现"横向到边、纵向到底、上下联动、齐抓共管"采购工作监管机制体系，优化营商环境和提升便利化水平，全面建立决策科学、依法采购、规范有序、公开透明、严格监管的政府采购长效机制。

三、工作措施和任务

（一）及时制定工作方案。各直属单位、各镇街卫健分局、各公立医疗卫生机构要按照专项行动要求，结合本单位实际，研究制定本镇区、本单位专项行动方案。及时成立由单位主要负责同志任组长的专项行动工作小组，明确牵头部门和配合部门，明确部门职责和工作时限。要从思想认识、组织管理、制度建设和执行、内部控制、管理程序、发现问题、监督检查、长效管理机制等方面制定具体工作内容和要求。

（二）开展自查自纠。各直属单位、各镇街卫健分局、各公立医疗卫生机构要强化专项行动方案执行，组织力量对所有涉及采购的项目进行全面自查自纠，自查自纠工作坚决杜绝避重就轻、避实就虚、"走过场"。各级卫生健康主管部门要加强对本级预算管理单位和下级采购项目自查自纠工作的监督指导，对于敷衍了事、虚假整改的单位，一经发现，要严肃追责。

（三）突出监管重点。各直属单位、各镇街卫健分局、各公立医疗卫生机构要按专项行动要求全面规范政府采购行为。各级卫生健康主管部门要加强对本级预算管理单位依法采购、采购预算管理、招标文件制定、专家论证过程、执行集中采购规定、采购信息公开、内控管理、采购合同履约等全过程监督，结合年度采购工作重点适时开展规避招标、限制竞争、围标串标、违反进口产品采购清单管理、采购合同履约等专项监督检查行动。其中财政、审计和纪检监察等部门和巡视发现的问题、整改情况，特别是要将新冠肺炎疫情涉及的采购项目作为监管重点内容。

（四）完善采购管理制度。各直属单位、各镇街卫健分局、各公立医疗卫生机构要结合专项行动总目标和自查自纠发现问题，深刻剖析原因、找准问题症结，加快建章立制、强化内控、补短板、堵漏洞、强弱项工作，及时完善内部决策程序、政府采购程序及内控制度等。各级卫生健康主管部门要及时按照属地政府采购监管部门有关要求，加强对本级预算管理单位建章立制工作的指导和监督。

（五）强化采购监督追责。各级卫生健康主管部门对于本级预算管理单位违反政府采购有关法规，要按规定严肃处理，涉嫌违法的，要按规定移交司法机关。各单位要加强内部管理，日常监管发现问题要按照权限依法依规处理，强化执纪问责，严查屡查屡犯。

（六）强化队伍能力建设。各直属单位、各镇街卫健分局、各公立医疗卫生机构要完善内部采购部门建设，有条件的单位单独设置政府采购管理部门，完善采购、内控、稽察监督等岗位设置。各级卫生健康主管部门要制定本级预算管理单位年度政府采购政策培训计划，强化各单位依法采购观念，提高本级本系统政府采购工作人员业务水平。各单位要有计划地组织本单位有关人员政府采购政策培训，全面提高政府采购人员依法采购能力。

（七）强化专项行动评估。全市各级卫生健康主管部门要落实好规范和加强政府采购自查自纠工作"回头看"，开展专项行动中、终期评估工作，及时对发现问题和不足开展再查摆、再整改落实，为持续开展建章立制、强化内控、补短板、堵漏洞、强弱项提供基础依据。

（八）建立长效管理机制。各直属单位、各镇街卫健分局、各公立医疗卫生机构对专项行动中发现的问题，要建立台账、限期整改；要举一反三，防止屡查屡犯。各级卫生健康主管部门要围绕风险防控机制，加大监管指导力度，通过采取有效措施和办法，不断完善采购工作管理制度体系、体制和机制，推动全行业实现"横向到边、纵向到底、上下联动、齐抓共管"采购监管工作长效机制。

四、工作要求

（一）高度重视，提高政治站位。各直属单位、各镇街卫健分局、各公立医疗卫生机构要进一步加强习近平新时代中国特色社会主义思想学习，增强"四个意识"，做到"两个维护"，提高政治站位、强化政治担当，不折不扣落实两个责任，强化监督执纪问责。要精心组织实施专项行动，防止政府采购工作违法违规违纪问题发生，坚决杜绝系统性风险和重大违法违规违纪问题出现。

（二）明确时限，强化工作任务落实。各直属单位、各镇街卫健分局、各公立医疗卫生机构要建立专项行动主要工作任务时间表、任务完成路线图，明确任务完成时限。对专项行动重点任务和监督检查发现的问题建立台账，限期完成、限期整改。对重点地区、重点单位、重点项目和重点问题，实行挂牌督办，明确办结要求和办结时限。

（三）系统总结，及时报送。落实按月报告制度，自2020年9月起，各镇街卫生健康主管部门每月5日前要将辖区本级及管理单位上个月组织开展专项行动的阶段性进展、问题发现整改情况及重大事项情况报送我局。局直属各单位自2020年9

月起每月 5 日前，要将本单位上个月专项行动的阶段性进展、问题发现整改情况及重大事项情况报送我局，遇到重大问题和重大事项可随时报告。

（四）强化督导，扎实推进专项行动。各级卫生健康主管部门要加强对各地各单位落实专项行动工作督导检查，对工作重视不够、组织不力，搞形式、走过场对待专项行动整治工作，整改落实不到位的单位要严肃追究责任，做到发现一起，通报和处理一起，教育一片、规范一方。

医院制度篇

中山市人民医院政府采购管理办法
（2021版）

第一章　总则

第一条　为了规范中山市人民医院（以下简称医院）各类采购行为，细化管理，加强监督，理顺关系，明确职责，提高资金使用效益，维护医院合法权益，进一步加强党风廉政建设，根据《中华人民共和国政府采购法》、《政府采购货物和服务招标投标管理办法》（中华人民共和国财政部令第87号）等法律法规及中山市的有关规定，结合医院实际，现对《中山市人民医院政府采购管理办法（2020版）》进行修订。

第二条　医院依法执行政府采购，按照《中华人民共和国政府采购法》（2014年修正）及其实施条例，广东省、中山市的有关规定开展采购活动。

第三条　医院政府采购工作应遵循公开、公平、公正和诚实信用的原则。政府采购活动及其当事人应严格按照本办法履行采购主体责任，自觉接受监督。

第四条　本办法所称政府采购，是指医院使用政府拨款的财政性资金、专项资金、科研项目经费、医院自有资金及捐助款等采购货物、服务和工程项目的行为。政府采购包括委托中山市政府采购中心、社会招标代理机构和通过广东政府采购智慧云平台的采购行为。

第五条　任何科室和个人不得以任何方式干涉政府采购活动，不得将依本办法规定必须进行政府采购的项目化整为零或者以其他任何方式规避政府采购。

第二章　组织机构及职责

第六条　医院建立招标采购委员会，负责医院政府采购活动的组织管理及采购意向公开、采购项目的委托招标。基建工程部、后勤管理科、设备科、信息中心等科室是采购项目归口管理科室，负责各类采购项目申报、论证，提供拟采购项目批准文件、用户需求书等，通过广东政府采购智慧云平台开展电子化采购工作。

第七条　招标采购委员会的主要职责：

（一）在主管院长领导下，按照《中华人民共和国政府采购法》（2014年修正）及广东省、中山市有关政策规定，制定医院执行政府采购的规章制度和流程。

（二）负责政府采购意向公开工作。

（三）审核医院各科室提交的采购需求，根据院长办公会（或党委会）决定，确定政府采购的方式。

（四）负责委托中山市政府采购中心或社会招标代理机构完成采购任务。

（五）负责组织医院政府采购法律及业务知识培训学习。

（六）负责接收、移交、保存政府采购档案和整理、建立政府采购过程中的档案资料。

第八条　采购项目归口管理科室具体负责编制采购计划，受理用户采购需求，组织大型项目、进口设备等论证，提交政府采购意向公开项目资料，编写采购项目需求书（如技术参数、工程预算等），根据中标通知书签订采购合同等工作。

对符合通用类电子化采购的项目，通过广东政府采购智慧云平台完成电子化采购任务。

需要在政府行政管理部门办理报建手续的工程项目或批准文件的医疗设备购置等，由采购项目归口管理科室负责完成。

第九条　纪检监察室对政府采购负有监督的职责。

第三章　政府采购范围及标准

第十条　政府采购范围。

按照中山市政府采购规定，医院所有对外采购的货物、工程、服务类项目都应通过政府采购方式完成；医院物业等对外租赁也应通过政府采购方式完成。

纳入政府采购平台管理的医院药品、医用耗材采购不适用本办法。

由政府负责采购的项目除外。

第十一条　政府采购限额标准。

（一）医院服务、货物类项目预算金额20万元（含）及以上，工程类项目预算金额30万元（含）及以上，均应按照本办法开展采购。

（二）分批分期采购的服务、货物类每个品目以一个年度为计算限额（单次采购额度不能超过200万元，年度累计采购额度不能超过400万元）标准。

（三）符合通用类项目电子化采购执行分类表的品目，按广东省电子化采购规定执行。

第十二条　采购预算金额低于第十一条（一）限额标准的项目，由各归口管理的职能科室按照医院自行采购规定及流程组织采购。

第四章　政府采购程序及方法

第十三条　医院采购项目委托方法。

（一）医院采购项目属于中山市政府集中采购机构采购项目的品目，必须委托中山市政府集中采购中心采购。

（二）医院采购项目属于中山市政府集中采购机构采购项目的品目以外的项目，委托社会招标代理机构采购。

（三）通用类项目电子化采购由各归口管理科室自行采用电子化方式采购。

（四）根据中山市卫生健康局《关于进一步加强我市医疗机构医疗设备集中招标采购管理的通知》（中山卫计〔2018〕47号）规定："医院购置医疗设备单价或批量招标限额50万元及以上，必须进入中山市公共资源交易中心进行公开招标采购。"

（五）政府另有规定的从其规定。

第十四条　符合本办法规定执行政府采购范围的医院货物、工程、服务类项目采购程序如下：

1. 采购计划由相关职能科室（如设备科、总务部、信息科等）提出申请，需要论证的项目提交论证报告后，报主管院长审批。

2. 经主管院长审批同意后报院长办公会（或党委会）批准。

3. 院长办公会（或党委会）批准后，相关职能科室提交采购项目需求书、院长办公会（或党委会）决定，交招标采购委员会进行政府采购意向公开。政府采购意向公开结束后，招标采购委员会根据采购项目限额及性质，委托代理机构采购。

4. 归口管理科室根据中标通知书于30日内签订采购合同，并于合同签订2日内上传广东政府采购智慧云平台予以公告。

第五章　政府采购档案管理

第十五条　招标采购委员会负责政府采购相关文件归档管理，保存期限为15年。

第十六条　各职能科室负责本科室政府采购业务档案的管理。

第十七条　纪检监察程序所产生的监督档案由医院纪检监察办公室保存管理。

第六章　附则

第十八条　医院相关科室在与中标供应商签订合同时，应同时签订廉洁协议。

第十九条　医院所有政府采购工作不得违反国家相关政策及法律法规，若国家政策有调整，本办法将及时修订。

第二十条　本办法自公布之日起施行，原《中山市人民医院政府采购管理办法（2020版）》同时废止。

第二十一条　本办法由医院招标采购委员会负责解释。

附件

中山市人民医院招标采购工作流程

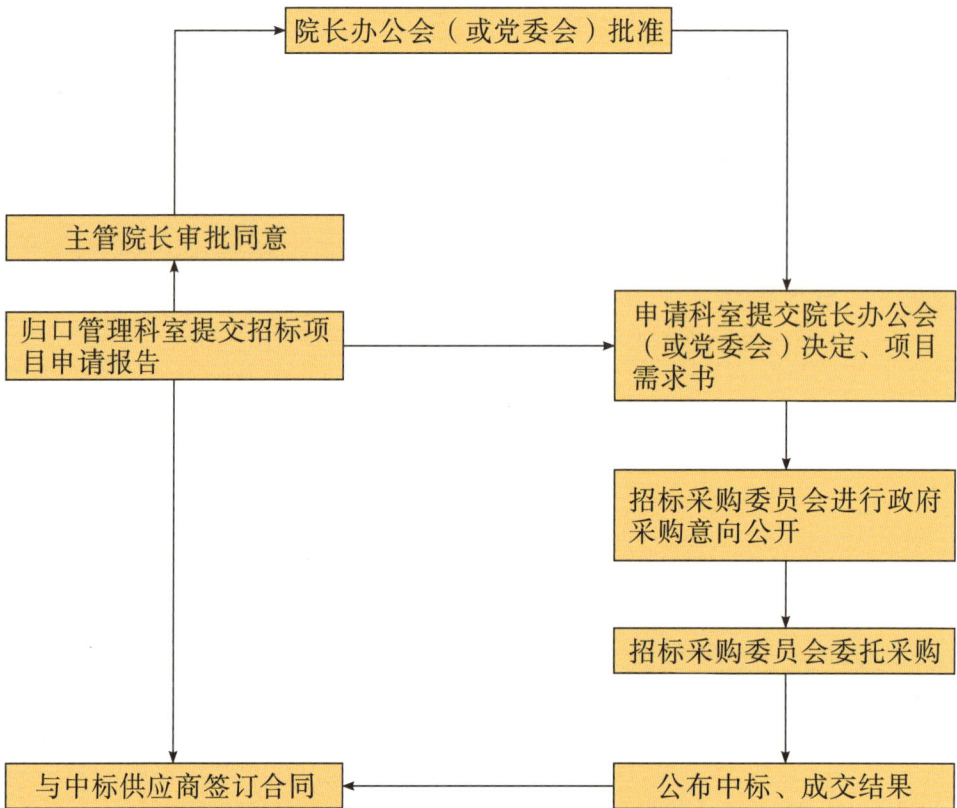

```
                    ┌──────────────────────────────┐
        ┌──────────│ 院长办公会（或党委会）批准 │──────────┐
        │           └──────────────────────────────┘          │
        │                                                      │
        │                                                      │
┌────────────────┐                                             │
│ 主管院长审批同意 │                                           │
└────────────────┘                                  ┌──────────────────────┐
        ↑                                            │ 申请科室提交院长办公会 │
┌────────────────┐                                   │ （或党委会）决定、项目 │
│ 归口管理科室提交招标项 │────────────────────────→│ 需求书                 │
│ 目申请报告      │                                   └──────────────────────┘
└────────────────┘                                             │
        │                                                      ↓
        │                                            ┌──────────────────────┐
        │                                            │ 招标采购委员会进行政府 │
        │                                            │ 采购意向公开           │
        │                                            └──────────────────────┘
        │                                                      │
        │                                                      ↓
        │                                            ┌──────────────────────┐
        │                                            │ 招标采购委员会委托采购 │
        │                                            └──────────────────────┘
        │                                                      │
        │                                                      ↓
┌────────────────────┐                              ┌──────────────────────┐
│ 与中标供应商签订合同 │←────────────────────────│ 公布中标、成交结果     │
└────────────────────┘                              └──────────────────────┘
```

中山市人民医院电子化采购管理规定

为规范医院政府采购行为，加强内控管理，根据《中华人民共和国政府采购法》（2014年修正）及相关法规精神，现对《中山市人民医院网上采购交易平台账号使用管理规定（试行）》及《中山市人民医院网上采购交易平台账号使用管理规定（试行）的补充规定》进行修订：

一、广东政府采购智慧云平台（以下简称云平台）是广东省为规范政府采购行为、提高政府采购工作效率、降低政府采购成本，进行电子政府采购活动的平台，是政府采购形式的一种。

二、医院采购项目符合《中山市财政局关于通过广东政府采购智慧云平台电子卖场实施政府采购活动有关事项的通知》（中财采购〔2020〕31号）规定的，均应执行电子化采购。

三、招标采购委员会负责医院云平台采购账号的申领及管理。

各归口管理科室如需要使用云平台进行采购，应向招标采购委员会提出申请，招标采购委员会授权使用云平台账号及密码。云平台账号及密码按年度授权使用。

申请办法：

（一）归口管理科室填写"云平台账号申请表"；

（二）归口管理科室负责人发邮件到招标采购委员会提出申请；

（三）招标采购委员会审批后授权使用账号及密码；

（四）归口管理科室指定专人负责云平台采购操作，中途变更操作人员应及时报备。

四、归口管理科室负责自交易活动完成之日起5个工作日内签订合同，合同签订2个工作日内在云平台上完成合同备案与公开。

五、归口管理科室应在次月5日前，将上月已完成的采购项目上报医院采购管理系统。遇节假日报送时间顺延。

六、各归口管理科室应做好云平台管理及保密工作，云平台账号及密码不得外借，也不得超范围使用，采购平台信息做好保密工作。

七、各相关职能科室应制定电子化采购项目年度预算，报经医院批准后，由相关职能科室自行完成采购。

八、电子化采购品目一次性全额达 200 万元或年度累计达到 400 万元，不得实行电子化采购。

九、电子化采购应严格按照《中山市财政局关于通过广东政府采购智慧云平台电子卖场实施政府采购活动有关事项的通知》（中财采购〔2020〕31 号）规定执行。

十、开展电子化采购的职能科室应做好流程管理和采购档案管理，自觉接受纪检和审计部门的监督检查。

十一、本管理规定由招标采购委员会负责解释，自公布之日起施行。原《中山市人民医院网上采购交易平台账号使用管理规定（试行）》及《中山市人民医院网上采购交易平台账号使用管理规定（试行）的补充规定》同时废止。

中山市人民医院政府采购档案管理办法（2021版）

一、总则

为了加强医院政府采购档案管理工作，维护政府采购档案的完整、规范与安全，充分发挥政府采购档案的作用，更好地服务于医院管理和发展。根据《中华人民共和国政府采购法》（2014年修正）、《中华人民共和国档案法》（2020年修订）、《中华人民共和国保守国家秘密法》（2010年修订）等有关法律法规及《中山市人民医院政府采购管理办法（2021版）》，特对《中山市人民医院招标采购档案管理办法》进行修订。

政府采购档案是指政府在采购活动中直接形成的有价值的各种文字、图表、声像等不同载体的原始资料，是政府采购过程的真实记录，是政府采购管理工作的重要依据，因此必须高度重视政府采购档案的管理工作。

二、档案管理职责

中山市人民医院招标采购委员会，对经由医院招标采购委员会产生的政府采购档案负有管理职责，招标采购委员会秘书为医院招标采购档案管理的责任人（下称档案管理员），负责档案的接收、收集、整理、归档、保管和借阅。医院委托招标代理机构产生的采购资料分别由归口管理科室及招标采购委员会按医院相关档案管理的规定立卷存档。

三、归档内容

（一）招标项目申请表、院长办公会（或党委会）决定、项目需求书、采购文件、报名归档资料、评标归档资料（谈判专家抽取结果表、评标资料、中标通知书）及其他采购资料。

（二）招标采购委员会工作记录。

四、档案编码方法

政府档案采用按项目组卷或单件归档的方法，其编号由"大类代字＋保管期限代号＋年度＋件号"组成。

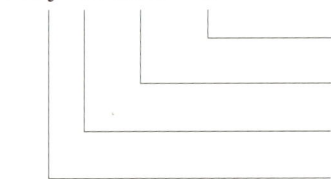

例：J 4 . 2021 - 1

件号（第1件）

年度（2021年）

保管期限代号（长期）

大类代字（政府采购档案）

五、保存期限

本办法中的政府采购档案，保存期限不少于15年。

六、档案销毁

档案保存期满后，由档案管理员编制清单，经医院招标采购委员会审核，报请主管院长批准后，方可进行销毁。

销毁的档案必须编目造册存档。

七、档案利用规定

（一）政府采购档案原则上只为归口管理科室以及上级行政机关等提供查询服务，需复制或将档案借出的，应由主管院长批准同意。

（二）借阅档案、资料必须先完善登记手续后方可借阅，归还时清点无误后由档案管理员当面销号。

（三）查阅档案资料均由档案管理员负责查找，任何人员均不得自行查找。

（四）未经同意，不得将任何档案资料外借、复印或发送电子文档给医院外单位、人员。

（五）档案管理员及相关人员对政府采购档案承担管理责任。

八、档案保密、防范

医院所有政府采购档案原则上全部设定为秘密级。

档案管理员要加强防范，经常检查，防止失密、失盗和火灾事故。加强对档案室或档案柜的管理，杜绝腐蚀、潮湿、霉变和蛀虫。

九、本管理办法解释权归医院招标采购委员会

十、本管理办法自院长办公会批准之日起施行，原《中山市人民医院招标采购档案管理办法》同时废止

中山市人民医院

2021 年 1 月 12 日

中山市人民医院职能科室自行采购指引

为规范医院职能科室自行采购行为，加强内控管理，根据《中华人民共和国政府采购法》（2014年修正）及相关法规精神，现对《中山市人民医院职能科室自行采购指引》及《中山市人民医院职能科室自行采购指引的补充规定》修订如下：

一、根据《中山市人民医院政府采购管理办法（2021版）》第十二条规定："采购预算金额低于第十一条（一）限额标准的项目，由各归口管理的职能科室按照医院自行采购规定及流程组织采购。"即医院采购项目限额货物、服务类项目预算金额20万元以下，工程类项目预算金额30万元以下，由各归口管理的职能科室自行确定采购方式。

符合通用类项目电子化采购执行分类表的品目，不属于自行采购的范畴，应按广东政府采购智慧云平台（以下简称云平台）规定执行。

二、各归口管理科室应建立自行采购管理的制度和流程，包括采购项目申请、审批流程、采购方式规定、采购人员组成、采购合同、采购档案管理等。

三、自行采购的方式可以在云平台上采购，或组织自行询价、议价、磋商等方式采购。

四、自行采购活动必须符合医院相关规定，批准程序完备。

五、使用云平台采购，应按照《中山市人民医院电子化采购管理规定》，向招标采购委员会申请账号及密码。

六、自行采购应实行专家评审决策机制，采购过程公开可溯。

采购金额达10万元及以上的采购项目，应在招标采购委员会的参与、指导下自行组织采购。

七、采购活动完成后，原则上应于15日内签订合同。

八、采购结果应在医院官网上公示3天，以接受社会监督。

九、完善采购资料管理，建立健全采购档案备查。采购资料包括采购项目批准文件，采购过程资料（如采购需求、询价/磋商记录、签到表、评审专家意见等）、合同文本、验收报告等。采购档案应保存 15 年。

十、本指引自公布起施行，由招标采购委员会负责解释。原《中山市人民医院职能科室自行采购指引》《中山市人民医院职能科室自行采购指引的补充规定》同时废止。

附件

10 万元及以上自行采购流程

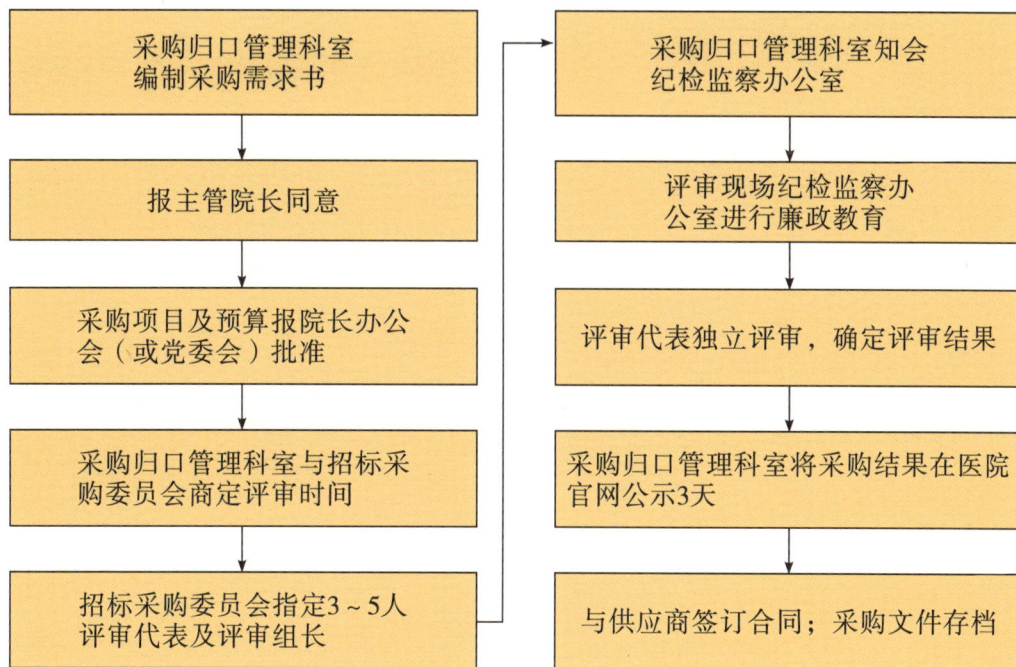

采购归口管理科室 编制采购需求书	采购归口管理科室知会 纪检监察办公室
↓	↓
报主管院长同意	评审现场纪检监察办 公室进行廉政教育
↓	↓
采购项目及预算报院长办公 会（或党委会）批准	评审代表独立评审，确定评审结果
↓	↓
采购归口管理科室与招标采 购委员会商定评审时间	采购归口管理科室将采购结果在医院 官网公示3天
↓	↓
招标采购委员会指定3～5人 评审代表及评审组长	与供应商签订合同；采购文件存档

中山市人民医院关于印发《中山市人民医院基建工程项目管理制度》的通知

办、部、科、所、室、中心：

经医院院务会同意，现将《中山市人民医院基建工程项目管理制度》印发给你们，请遵照执行。

附件：《中山市人民医院基建工程项目管理制度》

中山市人民医院

2020 年 4 月 8 日

附件

中山市人民医院基建工程项目管理制度

　　根据《中华人民共和国建筑法》《中华人民共和国招标投标法》《中华人民共和国政府采购法》《广东省网上中介服务超市管理暂行办法》及国家、省、市有关法律、法规，以及医院于 2020 年修订的《中山市人民医院政府采购管理办法（2020版）》和医院有关规定，为进一步规范基建工程项目的管理，提高工作效率、控制成本，确保安全，保证依法依规开展工程项目，现对 2018 版《中山市人民医院基建工程项目管理制度》进行修订。

一、医院基建工程项目的范围

　　医院基建工程项目的范围包括工程以及与工程建设有关的货物、服务。其中工程包括建筑物和构筑物的新建、改建、扩建及其相关的装修、拆除、修缮等；与工程建设有关的货物，是指构成工程不可分割的组成部分，且为实现工程基本功能所必需的设备、材料等；与工程建设有关的服务，包括为完成工程所需的勘察、设计、监理等服务。

二、医院工程项目实施流程

　　1. 使用科室通过院内邮件或书面的方式提出工程项目的申请（主要内容包括工程建设装修地点、原因、可行性、装修标准等）；院领导或院务会决定有关工程项目的任务。

　　2. 根据使用科室的申请或任务安排，主管职能科室进行初步的评估，根据权限分别报主管职能科室负责人、主管院领导或院务会进行审批。

3. 达到"三重一大"的项目还需按"三重一大"项目申报要求报党委会审批。

4. 经审批同意后，主管科室根据工程项目的规模及工程建设法规在市发改局进行备案或立项、规划审查、用地预审、节能登记、概算预算编制、规划报建、环评、设计（含审图）等前期工作。

5. 根据预结算管理制度、《中山市人民医院政府采购管理办法（2020版）》和预算额度的区分和规定，科内自主选取或提交招标采购委员会进行招标采购。确定施工单位后填报基建工程项目审批表，分别报主管科室负责人、上级科室、财务科、审计部、招标采购委员会等部门及主管院领导审批，并经使用科室负责人签字确认。

其中：工程预算在1万元以下的项目由主管院领导审批；1万元以上项目由院务会审批；100万元以上项目由党委会审批。

6. 完成审批手续后，主管科室在限期内与施工承包单位签订合同。单项1万元以上项目必须签订合同，10万元以上项目合同须经审计部前置审计。

7. 按照工程管理的相关规定，开展人防审批、防雷审批、消防审核、安监、质监、施工报建及组织施工，未达到施工报建规定或其他审批规定条件的可直接组织施工，并由工程人员负责现场监督管理。

8. 在施工过程中，如使用科室需要或施工需要变更增加工程内容等，必须提交申请，审批通过后才能实施。增加额低于1万元由主管院领导审批；增加额超过1万元的由院务会审批或由主管院领导先审批，然后报院务会审批。

其中：已进行招标或签订合同的工程且在原工程范围内合理的、不可分割的变更，可直接由原施工单位施工。原则上工程变更费用不能超过工程合同价的10%，超出合同价10%但总变更费用不超过10万元的均可直接委托原合同施工单位施工，否则须按本规定重新开展招标或采购工作。

9. 工程完工后，由项目负责人组织施工单位及医院相关部门人员进行竣工验收，填写验收相关表格，并办理与维护科室、使用科室的交接手续。根据法规须进行规划、消防、供电、住建等综合验收的工程还须提请上级主管部门进行专项和综合验收。

10. 按合同规定及医院预结算管理规定办理结算手续，支付工程款。

11. 工程竣工后，收集整理基建工程档案资料，进行院内存档或按规定及时向市城建档案馆提供完整、准确的工程档案资料。

12. 质保期内，协助维护部门对合同项目进行维护保养工作。

13. 按照医院审计要求，参照财政项目后评价制度和开展情况进行工程项目的后评价，聘请专业公司对投资额达5 000万元以上项目进行后评价。

三、基建工程项目招投标规定

（一）根据《必须招标的工程项目规定》（中华人民共和国国家发展和改革委员会令第 16 号）、《广东省发展改革委关于贯彻落实〈必须招标的工程项目规定〉有关事宜的通知》（粤发改稽察〔2018〕266 号）、中财采购〔2018〕5 号、中财采购〔2018〕12 号的有关规定，工程以及与工程建设有关的货物、服务达到下列标准之一的，必须进入中山市公共资源交易中心进行招标或采购。

1. 施工单项合同估算价在 400 万元人民币以上；

2. 重要设备、材料等货物的采购，单项合同估算价在 200 万元人民币以上；

3. 勘察、设计、监理等服务的采购，单项合同估算价在 100 万元人民币以上。

（二）基建工程项目配套的勘察、设计、施工、监理以及工程建设有关的重要设备、材料等的采购，单项合同估算价在 20 万元以上的、基建工程项目单项合同估算价在 30 万元以上的，由医院招标采购委员会按照相关法规组织开展招投标或采购工作。

（三）低于上述第二条限额标准的工程、货物和服务类项目，主管科室可通过自主选取、政府电子采购等自行开展。

（四）与工程项目配套的勘察、设计、监理、预结算编制等服务，未达公开招投标限额标准的，原则上应在广东省网上中介服务超市平台选取服务单位（《广东省网上中介服务超市管理暂行办法》）。

（五）严格遵守招标采购规章制度，对于必须进行招标的项目，严禁进行分拆、规避招标。

四、基建工程预结算管理规定

（一）预算管理

单项合同估算超 10 万元以上的工程项目或配套的设备、材料采购，原则上必须委托第三方机构编制中介预算（10 万元以上，但技术相对简单的项目可不进行预算，但必须有第三方结算审核）。

（二）结算管理

1. 工程项目竣工后必须进行结算管理。采用自主结算或第三方评估机构结算的方式进行。

2. 纳入第三方结算的项目范围。

（1）由医院招标采购委员会负责进行招标采购的工程项目及其配套的设备、材料采购项目；

（2）合同金额小于 10 万元，结算金额增加额超过 2 万元且结算总额超过 5 万元的项目；

（3）合同金额大于 10 万元，结算金额增加额超过 2 万元的工程项目；

（4）合同金额大于 10 万元，但没有进行预算编制的项目；

（5）根据上级规定或医院认为须第三方审核的项目；

3．自主结算的项目范围。

未纳入第三方结算的项目范围的工程项目必须进行自主结算。

4．预算结算管理方面的合同条款规定。

（1）按照医院工程规章制度及参照财政结算审核管理规范，医院有权进行第三方的结算审核，乙方必须无条件配合及承诺按第三方审核结果进行结算。

（2）工程结算审核最终核减额在 8% 内（含 8%），中介审核费用由建设单位承担；审核最终版减额超过 8%，超出部分的中介审核费用，由施工单位承担。

五、基建工程项目监理规定

较大型基建工程项目或技术复杂、施工难度较大的项目须聘请监理公司进行监督，确保质量和安全。工程项目范围包括：

1．达到招投标限额必须进入中山市公共资源交易中心进行招投标的工程项目及其配套的设备、材料的采购项目；

2．招标采购委员会组织招标采购的项目；

3．涉及结构安全或技术复杂、施工难度较大的项目。

六、基建工程项目其他规定。

1．立项备案：估算工程造价 100 万元以上的项目，但单纯设备采购无须立项［《中山市政府投资项目管理暂行办法》（中府〔2017〕101 号）］。

2．消防报建：根据《中山市住房和城乡建设局关于进一步明确机构改革期间消防业务有关事项的通知》（中建通〔2019〕102 号）规定，工程建设项目工程投资额在 100 万元以上（含 100 万元）或建筑面积在 500 平方米以上（含 500 平方米）的建筑工程，须办理消防设计审查和验收。

3．施工报建：按《建筑工程施工许可管理办法》（中华人民共和国住房和城乡建设部令第 18 号），《广东省住房和城乡建设厅关于调整房屋建筑和市政基础设施工程施工许可证办理限额的通知》及省市其他相关规定执行。工程投资额在 100 万元以上（含 100 万元）或建筑面积在 500 平方米以上（含 500 平方米）的房屋建筑和市政基础设施工程，须办理施工许可证。

4. 其他规定：按政府相关主管部门的规定执行。

七、上述规定如与政府相关法规有不一致的，以政府和上级相关法规为准

中山市人民医院

2020 年 4 月 8 日

中山市人民医院关于疫情防控物资采购活动暂行管理规定

　　为做好新型冠状病毒肺炎疫情防控，有效减少人员聚集，保障相关人员的生命安全和身体健康，根据《广东省财政厅转发财政部办公厅关于疫情防控期间开展政府采购活动有关事项的通知》（粤财采购〔2020〕4 号）和《中山市财政局关于转发〈财政部办公厅关于疫情防控期间开展政府采购活动有关事项的通知〉的紧急通知》，结合我院实际情况，制定以下临时管理规定：

　　一、疫情防控期间，对于与疫情防控相关的采购项目，作为紧急采购项目，按照《中山市财政局关于转发〈关于疫情防控采购便利化的通知〉的紧急通知》（中财采购〔2020〕3 号）的规定执行。可通过广东电子化采购执行平台执行采购的项目，各部门采购人应当根据《关于印发〈中山市 2020 年集中采购机构项目实施方案〉的通知》（中财采购〔2020〕2 号）有关规定，尽量通过该平台开展采购。

　　二、医院疫情防控物资采购资金包括财政拨款、社会捐助及医院自有资金。

　　三、医院疫情防控物资采购执行医院现有审批流程，须报党委会批准。

　　四、采购行为应实行集体决策机制，不需要招标采购的，需集体议价，并在纪检监察办公室、审计科监督下进行，防止徇私舞弊等违法违纪行为。

　　五、妥善核对、保管疫情防控采购项目采购文件和凭据，规范建立档案，留存备查。

　　六、采购项目结束后，对采购结果进行公示，接受社会监督，由纪检监察办公室负责处理相关举报和投诉事宜。

　　七、本规定仅针对疫情防控物资、用品、设备或服务项目等采购行为，疫情结束后，本规定即行废止。

中山市人民医院

2020 年 3 月 23 日

中山市人民医院招标采购委员会工作规范
（2021 年）

医院政府采购工作符合法制和纪律是基本要求，为使招标采购委员会成员做到清正廉洁、忠于职守，克己奉公、干净做事，认真地完成医院政府采购任务，特制定本工作规范。

一、招标采购委员会与招标代理公司、各采购项目责任科室间的工作关系。

1. 招标采购委员会在职权范围内，代表医院行使对外政府采购职责。

2. 采购项目责任科室向招标采购委员会提交院长办公会（或党委会）决定、项目需求书。

3. 招标采购委员会根据采购项目性质及特点，确定招标代理公司，签订《委托招标代理协议》。

二、招标代理公司完成采购文件初稿后，由招标采购委员会负责将采购需求初稿转交采购项目责任科室复核确认。采购项目责任科室完成采购需求初稿复核确认后，交还招标采购委员会。

三、采购项目结束后，招标代理公司应将招标文件、投标文件及归档资料交给招标采购委员会，由招标采购委员会立卷归档。

四、招标采购委员会成员应恪尽职守，在政府采购活动中承担相应责任。不得将职责范围内的工作交由采购项目归口管理科室完成，也不得让采购项目归口管理科室越过招标采购委员会与招标代理公司人员自行接触或沟通。

五、招标采购委员会成员要督促招标代理公司对医院委托采购项目采购方式的合法性进行审核。

六、招标采购委员会成员应及时汇报负责的采购项目出现的各类问题，并积极督促招标代理公司妥善处理。

七、招标采购委员会成员要廉洁自律，参与的一切采购活动要符合法律规定，与招标代理公司、潜在投标人之间的关系都应符合《中山市关于构建亲清新型政商关系的实施意见（试行）》（中山办字〔2019〕14 号）要求，禁止收受招标代理公司、潜在投标人的红包、礼金及接受宴请等活动。

本工作规范自公布之日起实施。

中山市人民医院招标采购委员会

2021 年 1 月 12 日

案例选编

数码复合机文印全包服务采购项目

关键词1：采购需求（《用户需求书》）、"★"条款、评分细则

【相关法条】

《中华人民共和国政府采购法》第二十二条，《中华人民共和国政府采购法实施条例》第二十条。

【前情回顾与质疑情况】

采购人委托代理机构就"数码复合机文印全包服务采购项目"进行公开招标，2019年4月15日发布招标公告，招标过程中，投标人A于2019年5月5日向代理机构提出质疑，投标人A认为招标文件《用户需求书》和评分细则的部分条款设置不合理，认为《用户需求书》中复印机设备参数倾向某1~2个品牌或倾向于某个生产厂家，涉嫌量身定做。因投标人A提交《质疑函》的时间超出了法定时间，该函件不予受理。

但针对投标人A提出的事项，为保证采购项目开展的公平、公正，代理机构及时向采购人反馈了相关情况及意见，采购人对其用户需求条款进行了调查、讨论，认为需对采购需求等相关条款进行调整，最终决定对该项目终止采购，待调整完毕后再重启该项目的招标流程。

【处理理由】

《中华人民共和国政府采购法》第二十二条："采购人可以根据采购项目的特殊要求，规定供应商的特定条件，但不得以不合理的条件对供应商实行差别待遇或者歧视待遇。"

《中华人民共和国政府采购法实施条例》第二十条："采购人或者采购代理机构有下列情形之一的，属于以不合理的条件对供应商实行差别待遇或者歧视待遇：

（一）就同一采购项目向供应商提供有差别的项目信息；（二）设定的资格、技术、商务条件与采购项目的具体特点和实际需要不相适应或者与合同履行无关；（三）采购需求中的技术、服务等要求指向特定供应商、特定产品；（四）以特定行政区域或者特定行业的业绩、奖项作为加分条件或者中标、成交条件；（五）对供应商采取不同的资格审查或者评审标准；（六）限定或者指定特定的专利、商标、品牌或者供应商；（七）非法限定供应商的所有制形式、组织形式或者所在地；（八）以其他不合理条件限制或者排斥潜在供应商。"

【处理结果】

因该项目招标文件《用户需求书》和评分细则的部分条款存在《中华人民共和国政府采购法实施条例》第二十条第（三）、第（六）项的情形，采购人终止采购活动。

【总结】

根据《政府采购货物和服务招标投标管理办法》（中华人民共和国财政部令第87号）第十条："采购人应当对采购标的的市场技术或者服务水平、供应、价格等情况进行市场调查，根据调查情况、资产配置标准等科学、合理地确定采购需求，进行价格测算。"

采购人作为采购主体及使用单位，必须在编制采购需求前进行合理的市场调查，确保能够实质性地响应采购要求（包括投标人资格/资质、"★"条款）的供应商、生产厂家不少于三家，且不得以不合理的条件对供应商实行差别待遇或者歧视待遇。

关键词2：评审文件、评审情况的保密

【相关法条】

《评标委员会和评标办法暂行规定》第五十四条，《政府采购评审专家管理办法》第二十七条，《政府采购质疑和投诉办法》第十二条、第十四条。

【前情回顾与质疑情况】

代理机构于2019年4月15日发布"数码复合机文印全包服务采购项目"的招标公告，2019年6月6日组织开标、评标，2019年6月10日发布中标结果公示。在中标结果公示发布前，代理机构收到投标人B关于该项目评审结果的《质疑函》，拟对尚未公布的中标单位的投标内容提出质疑。由于不在法定的接收时间，

代理机构拒收其函件并告知应在规定的公示期内递交。在中标结果公示期间，代理机构收到投标人 B 和投标人 C 提交的《质疑函》，代理机构根据质疑事项对相关材料进行核查、取证，并组织原评标委员会根据质疑事项对投标文件进行复核及协助答复质疑。经确认，原评标结果无误，投标人 B 和投标人 C 的质疑内容均缺乏事实依据，质疑事项不成立。代理机构于法定回复时间予以答复。

中标结果公示发布前，投标人 B 已知晓中标结果，且通过投标人 B 提交的《质疑函》中可以看出，投标人 B 对采购人以往的项目的合同条款以及项目执行情况十分了解（合同乙方不是投标人 B）。

【处理理由】

《政府采购质疑和投诉办法》第十二条："供应商提出质疑应当提交质疑函和必要的证明材料。质疑函应当包括下列内容：……（四）事实依据；（五）必要的法律依据。"

《政府采购质疑和投诉办法》第十四条："供应商对评审过程、中标或者成交结果提出质疑的，采购人、采购代理机构可以组织原评标委员会、竞争性谈判小组、询价小组或者竞争性磋商小组协助答复质疑。"

【处理结果】

质疑内容缺乏事实依据或合法来源的有效证据，质疑事项不成立。

【总结】

采购人必须加强所有项目合同及与合同有关信息的保密性管理；评标前提醒所有拟派参加项目开标、评标的人员不得透露对投标文件的评审和比较、中标候选人的推荐情况以及与评标有关的其他情况。评审专家未按照采购文件规定的评审程序、评审方法和评审标准进行独立评审或者泄露评审文件、评审情况的，将根据《评标委员会和评标办法暂行规定》第五十四条、《政府采购评审专家管理办法》第二十七条的规定承担法律责任。

【其他】

关于投标人 B 在其《质疑函》中多次提到中标人有可能提供非全新设备和非原装耗材等问题，应提醒采购人，所有采购项目均应当按照采购需求、中标人的投标响应及采购合同规定的技术、服务、安全标准组织（如有），对供应商履约情况进行验收，并出具验收书。验收书应当包括每一项的履约情况。

医院净化空调（2020—2022 年度）维保服务采购项目

关键词：采购品目分类目录、采购品目

【相关法条】

《中山市 2017 年政府采购品目分类表》和财政部的《政府采购品目分类目录》（财库〔2013〕189 号）等。

【前情回顾】

采购人委托代理机构就"医院净化空调（2020—2022 年度）维保服务采购项目"进行公开招标，2019 年 3 月 30 日发布招标公告，在公告期内发现《中山市 2017 年政府采购品目分类表》中"C0507 空调、电梯维修和保养服务"属于集中采购机构采购项目。由于这份目录中没有明确说明空调维保是特指家用空调还是其他专用空调，因此财政局的指导意见为转由集中采购机构（即中山市政府采购中心）进行招标采购。

【处理理由】

《中山市 2017 年政府采购品目分类表》中"C0507 空调、电梯维修和保养服务"属于集中采购机构采购项目，纳入集中采购目录的政府采购项目必须委托中山市政府采购中心（中山市唯一的集中采购机构）代理采购。

【处理结果】

采购人终止了原来的招标项目，再委托中山市政府采购中心对这个项目进行招标采购。

【总结】

采购人在今后的采购中，必须先查阅相关政府采购品目分类目录（包括《中山市 2017 年政府采购品目分类表》和财政部的《政府采购品目分类目录》等），明确项目内各采购货物（或服务）的对应品目，然后再拟定项目名称和委托采购代理机构，这样会避免后续一些不必要的问题发生。

如非集中采购目录内的货物或服务，其采购项目名称不要设定为集中采购品目的类似名称，以免产生歧义。

大楼加建电梯土建工程采购项目

关键词：采购方式

【相关法条】

《中华人民共和国招标投标法》《中华人民共和国政府采购法》《政府采购竞争性磋商采购方式管理暂行办法》《政府采购非招标采购方式管理办法》。

【前情回顾】

实质性响应投标的供应商数不足法定家数，导致项目多次废标，最终采用单一来源采购方式完成采购。

【采购方式变更历程】

1. 第一次、第二次挂网采用公开招标方式：

第一次、第二次公开招标由于报名供应商数不足三家，本次采购失败。适用《中华人民共和国招标投标法》。

2. 第三次、第四次挂网采用竞争性磋商方式：

因该项目专业性强，且工程质量要求高，为能在较短时间内完成采购，经采购人同意，第三次挂网采用竞争性磋商方式，报名供应商家数为五家，实质响应供应商数不足法定家数，本次采购失败。

鉴于该项目已采购失败三次，严重影响了采购人项目的实施，采购代理机构发起专家论证会。论证专家意见为采购文件没有不合理条款或限制性条件，参照政府采购相关法律法规，该项目第四次采购活动可按两家供应商竞争性磋商方式进行采购，采购人同意专家意见。

该项目采用两家供应商竞争性磋商方式进行第四次挂网，但仅有一家供应商报名，报名数不足法定家数，导致第四次采购失败。适用《中华人民共和国政府采购法》及《中华人民共和国政府采购法实施条例》。

3. 第五次、第六次挂网采用单一来源采购方式：

鉴于该项目已采购失败四次，经采购人同意，对该项目进行转单一来源采购论证会并公示无异议后，该项目第五次采用单一来源方式进行采购，但因供应商递交的采购文件未通过资格性与符合性审查，导致该次采购失败。

本项目第六次单一来源采购方式挂网后采购成功。适用《政府采购非招标采购方式管理办法》。

【总结】

1. 在合法合规的前提下，及时按项目特点进行采购方式转化，有利于项目采购及时推进。

2. 采购项目是否可以顺利进行，前期准备工作（中介预算的编制、招标文件的编制）非常重要，招标文件中的供应商资格条件、用户需求、评分细则的设置是否合理会影响到潜在供应商报名的积极性，故应慎重考虑。当采购过程中出现采购失败情况，要广泛了解供应商意愿和及时组织相关专家进行论证，推进项目顺利进行。

工会会员生日慰问蛋糕采购项目

关键词： 招标方式、评审办法

【案例要点】

充分了解项目特点、项目性质（是否属于依法必招的项目）、合法选择招标方式。

【相关法条】

《中华人民共和国政府采购法》第二条、《中华人民共和国招标投标法》第三条。

【前情回顾】

根据中华全国总工会办公厅关于印发《基层工会经费收支管理办法》的通知规定："工会会员生日慰问可以发放生日蛋糕等实物慰问品，也可以发放指定蛋糕店的蛋糕券。"

本项目通过采购确定一家生日蛋糕供应商，由它向工会会员提供生日蛋糕券及生日贺卡。采购量预计为 2 900 份，每份预算为人民币 300 元，项目预算为 870 000 元。

单位工会是职工自愿结合的工人阶级的群众组织，不属于依法必招的范围，采购活动不受《中华人民共和国政府采购法》《中华人民共和国招标投标法》的规范约束。但根据本单位内部控制管理规定，委托社会招标代理对该项目进行招标。

为更大范围、更大程度地满足工会会员的需求，遵循民意，本项目通过邀请招标的方式进行采购。在项目招标前，让每个工会小组推荐员工喜爱的蛋糕店，再对这些蛋糕店进行投票，对排名前五名的店铺进行邀请招标。同时为了买到最好的服务和更优的产品，采购人就该项目在以往运作中出现的具体问题与招标代理公司进行了细致的沟通探讨。招标代理公司充分了解采购人需求，对评分标准进行了仔细斟酌，主要有以下几点：

1. 价格分的比重为 30%，要求蛋糕供应商进行一定的价格竞争，但不鼓励其在价格上进行恶性竞争。

2. 样品的展示和试吃，直观感受蛋糕的质量。

3. 对企业的管理制度进行考察，重点考察食品安全管理制度、原材料采购及使用制度、ISO 质量管理体系认证等。

4. 蛋糕自取的便利性，方便员工到店换领蛋糕。

5. 本次评审增加了"增值服务"内容的述标和评审。考察的内容包括：①生日贺卡设置精美且能体现采购人单位的企业文化；②提供的蛋糕款式（不少于 10 样）、所使用的原材料；③蛋糕券能绑定手机号码或微信小程序等，方便购买使用及挂失补办；④蛋糕券使用流程及使用方法科学、方便；⑤承诺的折扣高于店铺限时活动折扣或价格时，允许采购人享受活动时的最低价，且有具体的实施方案；⑥能实现按实际消费进行结算（已派发但没有实际消费的蛋糕券不进行结算）。

这既鼓励了供应商提供更多、更方便的服务，也使评审委员会在评审现场更直观地了解制作蛋糕的原材料、供应商拟提供的增值服务内容和流程等。

招标结果：工会及会员均对该次采购结果表示满意。

【处理理由】

《中华人民共和国政府采购法》第二条："在中华人民共和国境内进行的政府采购适用本法。本法所称政府采购，是指各级国家机关、事业单位和团体组织，使用财政性资金采购依法制定的集中采购目录以内的或者采购限额标准以上的货物、工程和服务的行为。"

《中华人民共和国招标投标法》第三条："在中华人民共和国境内进行下列工程建设项目包括项目的勘察、设计、施工、监理以及与工程建设有关的重要设备、材料等的采购，必须进行招标。"

【总结】

1. 作为招标人可以结合招标项目的特点要求，选择适用的采购方式，更好地完成招标任务。

2. 单位工会是职工自愿结合的工人阶级的群众组织，不属于《中华人民共和国政府采购法》规定的主体范围，采购活动不受《中华人民共和国政府采购法》的规范，也不属于《中华人民共和国招标投标法》规定的必须招标的范围。但工会经费的使用应遵循相关规定，同时也应符合单位内控制度。

3. 关乎公众满意度的项目，其重点是在招标前以群众投票的方式确定被邀请的供应商。

中药饮片招标采购项目

关键词： 投标文件格式、样品

【案例要点】

什么情况之下可以要求投标人在投标时提供样品？投标时提供样品的，开标、评标需要注意什么？

【相关法条】

《政府采购货物和服务招标投标管理办法》第二十二条。

【前情回顾】

由于中药饮片凭书面方式不能准确描述采购需求，需要对样品进行主观判断以确认是否满足采购需求，本项目要求投标人在投标时提供 30 种样品，同时采用"暗标"的方式供评委评审。由于样品众多，且样品评审主观性较强，为保证投标当日的开标、评标现场有良好的秩序，同时避免供应商作标记，采购人要求采购代理统一提供密封袋，并在密封袋上按统一规格打印和粘贴标签（见图 1）。开标当天，由于标签标注清晰、包装统一，接收样品的工作井井有条；评审时评委也按采购文件的要求，根据样品上的标签编号对样品进行打分。

投标样品封装

招标编号：ZSCC-020-JZG-0008

项目名称：中山市人民医院中药饮片招标采购

样品对应样品清单的序号（印刷体）：＿＿＿＿＿＿＿＿＿

样品名称（印刷体）：＿＿＿＿＿＿＿＿＿＿＿＿＿

投标单位样品暗标编号（由代理填写）：＿＿＿＿＿＿＿

提示：样品必须与投标文件分开包装，每个样品必须清楚标识样品名称，但不能出现投标人名称或可以识别投标人的标记，否则视为无效投标。

图1　投标样品封装标签示意

【处理理由】

《政府采购货物和服务招标投标管理办法》第二十二条："采购人、采购代理机构一般不得要求投标人提供样品，仅凭书面方式不能准确描述采购需求或者需要对样品进行主观判断以确认是否满足采购需求等特殊情况除外。

"要求投标人提供样品的，应当在招标文件中明确规定样品制作的标准和要求、是否需要随样品提交相关检测报告、样品的评审方法以及评审标准。需要随样品提交检测报告的，还应当规定检测机构的要求、检测内容等。

"采购活动结束后，对于未中标人提供的样品，应当及时退还或者经未中标人同意后自行处理；对于中标人提供的样品，应当按照招标文件的规定进行保管、封存，并作为履约验收的参考。"

【总结】

首先要判断是否可以要求投标人提供样品；在可以提供样品的前提下，如何有效、公平、公正地实现样品在评审过程中起到的作用，这是一个关键点。

涉外检验、检查标本综合管理服务采购项目

【案例要点】

评审过程中，专家有权根据法律法规和招标文件规定，判断供应商报价的合理性。

【相关法条】

《中华人民共和国政府采购法》第五十一条、第五十二条，《政府采购货物和服务招标投标管理办法》第六十条，《评标委员会和评标方法暂行规定》第二十一条。

【前情回顾与质疑情况】

涉外检验、检查标本综合管理服务项目采用竞争性磋商的方式进行，在本项目中，报价要求：本项目报价人只对下浮的优惠率进行报价，下浮率不能超过 18%，否则作无效报价处理（下浮率在 0~18% 为有效报价）。在评审过程中，有 5 家公司参与报价，其中 A 公司报价下浮率为 0，其余公司的报价下浮率均在 0~18% 之间。磋商小组对 A 公司进行磋商，磋商结束后，磋商小组根据 A 公司的磋商结果，讨论并一致认为其报价是合理的。

本项目的供应商 B 公司对 A 公司报价的有效性提出质疑。

【处理理由】

《中华人民共和国政府采购法》第五十一条："供应商对政府采购活动事项有疑问的，可以向采购人提出询问，采购人应当及时作出答复，但答复的内容不得涉及

商业秘密。"

《中华人民共和国政府采购法》第五十二条:"供应商认为采购文件、采购过程和中标、成交结果使自己的权益受到损害的,可以在知道或者应知其权益受到损害之日起七个工作日内,以书面形式向采购人提出质疑。"

《评标委员会和评标方法暂行规定》第二十一条:"在评标过程中,评标委员会发现投标人的报价明显低于其他投标报价或者在设有标底时明显低于标底,使得其投标报价可能低于其个别成本的,应当要求该投标人作出书面说明并提供相关证明材料。投标人不能合理说明或者不能提供相关证明材料的,由评标委员会认定该投标人以低于成本报价竞标,应当否决其投标。"

在本案中,自磋商文件发布之日起至评审结果发布期间,未有供应商针对磋商文件(下浮率在 0~18% 为有效报价)这个问题进行询问或质疑。在评审过程中,A 公司在评审期间按要求作出了报价说明,磋商小组一致讨论认为其报价符合磋商文件要求,该公司报价合理。

【处理结果】

经磋商小组一致讨论,认为 A 公司的报价合理,属于有效报价,B 公司的质疑不成立。

【总结】

本案中,A 公司的报价符合磋商文件要求,专家认定其报价是合理的,为有效报价。但从整体的采购活动精神来说,采购行为是为了提高政府采购资金的使用效率,同时也为促进市场竞争。供应商前来参与采购活动,也存在一定的经济成本,存在报价为 0 元的情况,可能影响市场竞争。采购人在编制《用户需求书》时应慎重设置报价。

房屋拆迁工程采购项目

关键词： 选择采购方式、竞争性谈判

【案例要点】

必须招标以外的工程项目是否采用招标方式没有明确规定，一般由采购人根据项目情况自行确定，由于采购时间紧急，选用竞争性谈判方式进行采购。

【相关法条】

《中华人民共和国政府采购法》第四条、《政府采购非招标采购方式管理办法》第七条。

【前情回顾】

该项目属于中山市政府督办项目，由于时限要求较紧，若采用公开招标、竞争性磋商等方式采购，时间周期长，可能会出现以下 2 种情况：

1. 潜在供应商因春节假期问题而放弃参与投标，从而导致参与投标的供应商家数不足而废标；

2. 春节假期，评审当天评标专家人数无法满足项目要求而导致项目延期。

若项目由于上述问题废标，重新启动采购活动只能延迟到春节后，将大大影响项目实施进度，无法满足紧急采购需求。

【采购方式对比】

本项目属于拆迁工程，金额在 100 万元以下，招标人可以自主选择以下的招标方式：

（1）选用公开招标方式进行采购。

基建工程，若一定要采用公开招标方式，只能参照《中华人民共和国招标投标法》进行公开招标流程。公开招标要求是自招标文件开始发出之日起至投标人提交投标文件截止之日止，最短不得少于 20 日，时间周期长，不符合本项目紧急采购的需求。

招标人需要对已经发出的招标文件进行必要的澄清或修改时，若所需要澄清或修改的内容可能会影响到供应商响应文件编制的，则至少应在投标截止时间 15 日前完成，若不足 15 日，则应当顺延供应商递交投标文件的截止时间。多家供应商开展真正意义上的竞争，充分地展示公开、公正、公平竞争，防止垄断，有效地促使供应商增强竞争实力，努力提高工程质量，缩短工期，创造最合理的利益回报。

对于基建工程限额在 400 万元以下的项目，采购人可自行选择采用《中华人民共和国政府采购法》（2014 年修正）的竞争性磋商和竞争性谈判这两种非招标方式来进行招标。

（2）选用竞争性磋商方式进行采购。

竞争性磋商的要求则是从磋商文件发出之日起至供应商提交首次响应文件截止之日止，不得少于 10 日。若需要对已经发出的磋商文件进行必要的澄清或修改，应在提交首次响应文件截止之日至少 5 日前完成，若不足 5 日，则应当顺延供应商递交首次响应文件的截止时间。若本项目采购活动中出现澄清或修改，开标、评标将会被推延。

竞争性磋商采用综合评分法，商务、技术和价格各占部分分值比例。此种采购方式下只有满足项目全部实质性要求（包括资格性与符合性审查）的供应商可进入到商务技术评审，进行最终的综合评分。采用此种采购方式，降低了供应商低成本成交情形发生的可能性。从另一角度看，可通过评审各供应商所提供产品或服务的差异，使技术优、服务好、诚信度高的供应商脱颖而出。这是采用竞争性谈判（最低价中标）所不具有的优势。

（3）选用竞争性谈判的方式进行采购。

竞争性谈判的要求是从谈判文件发出之日起至供应商提交首次响应文件截止之日止，不得少于 3 个工作日；若需要对已经发出的谈判文件进行必要的澄清或修改，应在递交首次响应文件截止之日 3 个工作日前，如果不足 3 个工作日，则应当顺延供应商递交首次响应文件截止之日。若出现澄清或修改，所需延期时间短，能满足项目紧急采购的需要。

竞争性谈判具有法律范围内的灵活性。由于是谈判，采购人可以与参加谈判的供应商面对面地对工程的工期、付款方式等实质性问题进行探讨、谈判。这么做一是可以给供应商更多展示自己企业的机会；二是谈判双方都比较主动，在各项合同条款的谈判过程中可以达成双赢；三是可以及时地修正谈判文件中遗漏的条款，有利于采购工作不留遗憾和死角；四是可以在信息的公布、谈判文件的发放等环节上节省一些时间，在资格预审、考察等过程上压缩一些环节，用最短的时间完成采购工作。从项目挂网到确定中标人，一般用 5~10 个工作日或更短的时间就可以完成竞争性谈判的整个过程，要比公开招标和竞争性磋商节省时间，可以提高采购效率，满足各工程的紧急需求。

【处理理由】

《中华人民共和国政府采购法》第四条："政府采购工程进行招标投标的，适用招标投标法。"

《中华人民共和国政府采购法实施条例》第七条："政府采购工程以及与工程建设有关的货物、服务，采用招标方式采购的，适用《中华人民共和国招标投标法》及其实施条例；采取其他方式采购的，适用政府采购法及本条例。"

据上述政府采购及招标投标法律法规的相关规定，行政事业单位使用财政性资金采购工程项目的法律适用如下：单项合同估算价在 400 万元人民币以上的施工项目，单项合同估算价在 200 万元人民币以上的与工程建设有关的重要设备材料采购项目，单项合同估算价在 100 万元人民币以上的勘察、设计、监理采购项目，在实施采购过程中必须采用招标方式的，均适用《中华人民共和国招标投标法》。属于上述相关类别且估算金额在标准以下的项目，采用招标方式（公开招标）的适用《中华人民共和国招标投标法》；采用非招标方式（竞争性磋商，竞争性谈判）的适用《中华人民共和国政府采购法》。

【确定采购方式】

综上所述，采用公开招标的采购方式，从挂网时间至开标、评标时间不少于 20 天，无法在春节前完成整个项目的采购。采用竞争性磋商的采购方式，虽比公开招标在流程上节省一半的时间，评审评分在流程上比竞争性谈判更占优势，但基于本项目的紧急情况，竞争性磋商的挂网时间至开标、评标时间也不少于 10 天，依然无法满足项目的紧急采购需求。从项目的特殊情况和时限角度考虑，以上两种采购方式，都无法满足采购方的紧急需求，仅有竞争性谈判能满足本项目的紧急采购需求。因此，本项目最终采用竞争性谈判的非招标方式进行了采购。

【总结】

《中华人民共和国政府采购法》明确规定，对于一些时间上不能满足用户紧急需求的采购，可以实施竞争性谈判采购。采购方本着高效、节约的原则，合理地选择竞争性谈判方式进行采购，给采购方加快采购进程提供了有效的保障。

×× 大型医疗设备采购项目

关键词： 采购需求（《用户需求书》）、"★"条款

【案例要点】

采购需求中"★"条款设置需谨慎，因为"★"条款属于实质性条款，只要有一项不符合就会废标，同时保障满足"★"条款的品牌须至少有三个。

【相关法条】

《中华人民共和国政府采购法实施条例》第二十条、《政府采购货物和服务招标投标管理办法》第十七条、《广东省实施〈中华人民共和国政府采购法〉办法》第三十四条。

【前情回顾】

医院（以下称采购人）就"×× 大型医疗设备采购项目"（以下称本项目）委托招标代理公司采购进行公开招标。本项目招标公告发布之前（采购需求确认阶段），代理公司就本项目采购需求中"★"条款设置提醒过采购人，强调"★"条款为实质性条款，市场上至少须有三个品牌同时满足所有"★"条款的要求，采购人对口管理科室回复所有"★"条款设置符合政府采购法的要求。

【质疑情况】

2020 年 4 月 29 日发布本项目招标公告。2020 年 5 月 14 日，A 公司提出质疑，质疑本项目《用户需求书》技术条款中两项"★"条款存在明显倾向性，并明确指出符合这两项"★"条款的生产厂家只有 Q 品牌。2020 年 5 月 17 日，B 公司就本项目《用户需求书》提出与 A 公司相同的质疑。

收到 A 公司的《质疑函》后，采购人与招标代理公司第一时间就被质疑的两

项"★"条款进行情况调研，经过向临床部门及设备科问询，认为被质疑的两项"★"条款的设定符合政府采购法的要求。招标代理公司于2020年5月15日回复驳回A公司质疑。

2020年5月17日，B公司就本项目《用户需求书》提出与A公司相同的质疑后，设备科征询临床意见并再次进行市场调研，回复"本项目的所有'★'条款设置为高配要求"，根据《中华人民共和国政府采购法实施条例》第二十条第八款的规定，招标代理公司于2020年5月19日发布了本项目采购终止公告。

【处理理由】

《中华人民共和国政府采购法实施条例》第二十条："采购人或者采购代理机构有下列情形之一的，属于以不合理的条件对供应商实行差别待遇或者歧视待遇：……（三）采购需求中的技术、服务等要求指向特定供应商、特定产品；……（八）以其他不合理条件限制或者排斥潜在供应商。"

《政府采购货物和服务招标投标管理办法》第十七条："采购人、采购代理机构……不得对投标人实行差别待遇或者歧视待遇。"

《广东省实施〈中华人民共和国政府采购法〉办法》第三十四条："政府采购文件不得规定下列内容：……（三）以单一品牌特有的技术指标作为技术要求。"

本项目中，用户需求书设定的被投诉"★"条款不符合以上法律法规要求。

【处理结果】

本项目作终止处理。

【总结】

1. "★"条款设置需谨慎，因为"★"条款属于实质性条款，至少须有三个品牌满足"★"条款的要求。另外，同一个项目中设置多项"★"条款要求的，需考虑多项"★"条款组合后是否还有至少三个品牌同时满足所有"★"条款要求。

2. 医院各采购科室应高度重视采购需求在政府采购中的重要性，应经过充分的市场调研及临床论证后扎实地将采购项目的《用户需求书》写好。

3. 中山市财政局于2020年6月1日转发《广东省财政厅关于开展政府采购意向公开有关事项的通知》中明确规定自2021年1月1日起，全省各级预算单位应当按本规定公开采购意向。各级预算单位从2020年11月1日开始对自2021年1月1日起实施的采购项目公开采购意向。采购意向公开应当包括采购项目名称、采购需求概况、预算金额、预计采购时间等。其中采购需求概况应当包括采购标的名称，采购标的需实现的主要功能或者目标，采购标的数量，采购标的需满足的质量、服务、安全、时限等要求。该通知的执行除了会提升政府采购透明度、优化政府采购营商环境，同时对采购人提出了更高的要求：采购意向公开不仅须经过充分的市场调研，也要经得起市场验证，在省财政厅流程追溯体系及大数据监管下，采购需求的制定须更加严格。

后记

　　"十三五"时期是我国全面建成小康社会的决胜阶段，在党中央的领导下，财政部对政府采购政策体系进行了一系列的深入探索和完善。作为宏观调控的重要手段，政府采购也是落实财政国家治理的重要着力点。

　　作为我国医疗服务体系的主体，公立医院在防控新冠肺炎等重大疫情、保障人民群众生命安全和身体健康中发挥了重要作用。建立完善的法制化采购流程，有助于节约医院采购成本，提升医疗服务水平，防范腐败情况的出现。

　　中山市人民医院高度重视医院政府采购的法制化建设，医院招标采购委员会全体成员在院长袁勇、主管院长李斌飞的指导和带领下，成立本书编委会，通过不断学习和总结医院过往政府采购活动的经验和不足，完成了本书的编撰。

　　书中选编的案例全部来源于中山市人民医院招标采购的工作实践。案例的记录既是一个经验总结的过程，也是一个学习提高的过程，应该成为医院政府采购工作的常态。书中收录的案例得到了郭婷、梁海萍、王静、吴毓茗、张玉玲等专家的支持，特别是郭婷、吴毓茗对本书的编撰给予了无私的指导、帮助。我们对上述专家致以特别的感谢！

　　"长风破浪会有时，直挂云帆济沧海。"中山市人民医院招标采购部门希望借本书的出版发行，与各行业、各系统的专业同行共同学习，一起交流工作体会，健全医院政府采购管理机制，确保医院政府采购工作朝着法制化、透明化的健康方向前进，最终达到提高医院医疗服务质量、实现可持续发展的目的。

编委会

2021 年 3 月 1 日